地方税の12か月

仕事の流れをつかむ実務のポイント

土屋信三 ［著］

April
May
June
July
August
September
October
November
December
January
February
March

JN032856

学陽書房

はじめに

　地方分権一括法が施行して四半世紀近くになりますが、この間、地方税における課税自主権の充実が図られ、税源移譲や地方税間における税源調整が行われました。また「ふるさと納税」の登場により、住民における地方税の関心も高くなっているように思われます。

　一方で、地方税を運営する各自治体での税務行政においては、少数精鋭の体制の中で、毎年の税制改正や課税・徴収事務、さらにはＤＸにいかに対応していくか、あるいはこのような状況の中で即戦力となる職員をいかに育成していくかが大きな課題となっていることでしょう。

　本書は、このような自治体税務について、少しでも初心者の参考となるように、その税務の「12か月」にわたって、各月に自治体税務職員が行う業務についての概説を述べたものです。もとより、地方税には年度を通して課税作業を行う税目もあれば、毎月申告を受け付ける税目もあります。また、各自治体において納期

もまちまちな場合がありますので、本書では標準的・平均的なスケジュール感を想定しながら記述しております。また、税目等の説明につきましては、基本的事項を簡潔に説明しているところもあれば、少し専門的に記載しているところもあり、濃淡がありますことをお許しください。

　なお、本書の内容につきましては個人的見解であり、筆者が過去に所属又は現在所属する機関の見解を表すものではないことも一言申し述べます。

　最後に、今回の執筆を依頼され、編集・校正でお世話になった学陽書房の川原正信さんに、深く感謝申し上げます。

　　令和5年初春

　　　　　　　　　　　　　　　　　　　　土屋　信三

地方税の12か月 ◆ 目 次

はじめに ……………………………………………………………… 2

序章　地方税と自治体税務の概要

Ⅰ 地方税法の意義と体系 ………………………………………… 18

1 地方自治体の財政自主権 ………………………………………… 18

2 地方税法の意義 …………………………………………………… 19

2 地方税における「告示」について ……………………………… 20

4 税率の設定 ………………………………………………………… 22

5 課税免除と不均一課税 …………………………………………… 22

Ⅱ 地方税に係る税務組織について …………………………… 24

1 地方税務組織 ……………………………………………………… 24

2 徴税吏員について ………………………………………………… 25

3 地方税務職員の守秘義務 ………………………………………… 26

Ⅲ 地方税の種類 ………………………………………………… 28

1 市町村税と道府県税 ……………………………………………… 28

2 徴収の方法による差異 …………………………………………… 29

3 いわゆる「年税」と「月税」 …………………………………… 29

4 法定税と法定外税 ………………………………………………… 30

5 主な地方税 ………………………………………………………… 30

（1）個人住民税（個人の道府県民税・市町村民税）

　　　及び個人事業税（道府県民税） ……………………………… 30

（2）法人二税（法人市町村民税・法人道府県民税、法人事業税）

　　　及び特別法人事業税（国税） ………………………………… 31

（3）地方たばこ税 ………………………………………………… 31

（4）固定資産税・都市計画税（市町村税）・不動産取得税（道府県税）…… 31

（5）自動車税（道府県税）・軽自動車税（市町村税）＜環境性能割＞ …… 32

（6）自動車税（道府県税）・軽自動車税（市町村税）＜環境性能割・種別割＞ 32

（7）軽油引取税（道府県税）……………………………… 33

（8）事業所税（市町村税・特定の市のみ課税）………… 33

（9）入湯税（市町村税）……………………………………… 33

（10）ゴルフ場利用税（道府県税）………………………… 33

（11）鉱産税（市町村税）…………………………………… 34

（12）鉱区税（道府県税）…………………………………… 34

（13）狩猟税（道府県税）…………………………………… 34

（14）国民健康保険税（市町村税）………………………… 34

（15）森林環境税（国税）・森林環境譲与税……………… 34

（16）地方法人税（国税）…………………………………… 35

（17）地方消費税（道府県税）……………………………… 35

コラム　地方税法の条文 ……………………………………… 36

第1章　第1四半期の税務事務（4月〜6月）

4月の業務

4月スケジュール………………………………………………… 42

共通的な項目 …………………………………………………… 44

1　税制改正関係………………………………………………… 44

2　申告受付、納税証明等 …………………………………… 46

（1）法人二税申告受付………………………………………… 46

（2）道府県・市町村たばこ税の申告受付等……………… 47

3　徴収関係 …………………………………………………… 47

（1）納税証明書等の発行【通年】………………………… 47

（2）会計年度の出納整理期間開始（4月1日〜5月31日）……………… 48

（3）新担当者の滞納引継事案の読み込み………………… 49

4　各税目（部門）初任者研修 …………………………… 50

（1）　地方税共同機構によるもの　……………………………………… 50

（2）　（一財）地方財務協会によるもの ……………………………… 51

（3）　市町村アカデミー（（公財）全国市町村研修財団の運営）によるもの … 51

（4）　（公財）東京税務協会によるもの ……………………………… 52

5　広報依頼（市区町村報、納税協力団体等）……………………………… 52

市町村税関係 ……………………………………………………………………… 52

1　個人住民税 ……………………………………………………………………… 52

（1）　3月分特別徴収税額の納入（4月10日まで）　……………… 52

（2）　給与支払報告書に係る給与所得者異動提出書の提出（4月15日まで）　53

（3）　定期課税事務（普通徴収に係る国税連携・閲覧分及び特別徴収分）　…… 53

2　固定資産税・都市計画税 …………………………………………………… 53

（1）　縦覧への対応（4月1日〜第1期納期限まで）　……………… 53

（2）　閲覧に供する場合 ……………………………………………… 56

3　軽自動車税（種別割） ……………………………………………………… 57

4　法人市町村民税 ……………………………………………………………… 57

5　事業所税 ……………………………………………………………………… 57

6　鉱産税・入湯税 ……………………………………………………………… 57

都道府県税関係 ………………………………………………………………… 58

1　自動車税（種別割・環境性能割）　…………………………………… 58

2　不動産取得税 ………………………………………………………………… 58

3　鉱区税 ………………………………………………………………………… 58

4　軽油引取税 …………………………………………………………………… 59

5　道府県民税（利子割・配当割・株式等譲渡所得割）……………… 59

6　ゴルフ場利用税 ……………………………………………………………… 59

5月の業務

5月スケジュール ………………………………………………… 62

共通的な項目 ………………………………………………… 64

1　税制関係（議会対応） ……………………………………… 64

2　申告受付 ……………………………………………………… 64

　　（1）法人二税 ………………………………………………… 64

　　（2）道府県・市町村たばこ税 ……………………………… 65

3　徴収関係 ……………………………………………………… 65

市町村税関係 ………………………………………………… 67

1　個人住民税 …………………………………………………… 67

2　固定資産税・都市計画税 …………………………………… 68

3　事業所税 ……………………………………………………… 68

4　鉱産税・入湯税 ……………………………………………… 68

道府県税関係 ………………………………………………… 68

　自動車税（種別割） …………………………………………… 68

6月の業務

6月スケジュール ………………………………………………… 70

共通的な項目 ………………………………………………… 72

1　税制関係（議会対応） ……………………………………… 72

2　申告受付 ……………………………………………………… 72

　　（1）法人二税（住民税・事業税） ………………………… 72

　　（2）道府県・市町村たばこ税 ……………………………… 73

3　徴収関係 ……………………………………………………… 73

市町村税関係 ………………………………………………… 73

1　個人住民税 …………………………………………………… 73

2　固定資産税・都市計画税 …………………………………… 74

3　事業所税 ………………………………………………………………… 74

4　鉱産税・入湯税 ………………………………………………………… 74

道府県税関係 ……………………………………………………………… 74

1　不動産取得税 …………………………………………………………… 74

2　軽油引取税 ……………………………………………………………… 74

コラム　固定資産税の税率と名称 ……………………………………… 75

第2章　第2四半期の税務事務（7月～9月）

7月の業務

7月スケジュール ………………………………………………………… 80

共通的な項目 ……………………………………………………………… 82

1　税制等関係 ……………………………………………………………… 82

2　申告関係 ………………………………………………………………… 82

（1）法人二税 ……………………………………………………………… 82

（2）道府県・市町村たばこ税 …………………………………………… 82

3　徴収関係 ………………………………………………………………… 82

市町村税関係 ……………………………………………………………… 83

1　個人住民税 ……………………………………………………………… 83

2　固定資産税・都市計画税 ……………………………………………… 84

3　事業所税 ………………………………………………………………… 85

4　鉱産税・入湯税 ………………………………………………………… 86

5　国民健康保険税 ………………………………………………………… 87

道府県税関係 ……………………………………………………………… 88

1　不動産取得税 …………………………………………………………… 88

2　軽油引取税 ……………………………………………………………… 88

3　ゴルフ場利用税 ··· 88

コラム　ゴルフ場利用税（の意義） ································· 89

8月の業務
8月スケジュール ·· 92
共通的な項目 ··· 94
1　税制等関係 ··· 94
2　申告関係 ·· 94
　（1）法人二税（住民税・事業税） ································ 94
　（2）道府県・市町村たばこ税 ······································ 94
市町村税関係 ··· 94
1　個人住民税 ··· 94
2　事業所税 ·· 95
3　鉱産税・入湯税 ·· 95
4　国民健康保険税 ·· 95
道府県税関係 ··· 95
1　個人事業税 ··· 95
2　不動産取得税 ··· 97
3　軽油引取税 ··· 99
4　ゴルフ場利用税 ··· 100

9月の業務
9月スケジュール ·· 102
共通的な項目 ·· 104
1　税制関係 ·· 104
2　申告関係 ·· 104
　（1）法人二税（住民税・事業税） ······························ 104

　　（2）道府県・市町村たばこ税 ……………………………………………… 104
市町村税関係 …………………………………………………………………… 104
　1　個人住民税 ……………………………………………………………… 104
　2　固定資産税 ……………………………………………………………… 106
　　（1）非課税の考え方 ……………………………………………………… 106
　　（2）宗教法人の例から考える ………………………………………… 106
　　（3）墓地の例 …………………………………………………………… 108
　3　事業所税 ………………………………………………………………… 108
　4　鉱産税・入湯税 ………………………………………………………… 108
　5　国民健康保険税 ………………………………………………………… 108
道府県税関係 …………………………………………………………………… 109
　1　不動産取得税 …………………………………………………………… 109
　　（1）課税の考え方 ……………………………………………………… 109
　　（2）新築 ………………………………………………………………… 110
　　（3）移築・増築 ………………………………………………………… 110
　　（4）改築 ………………………………………………………………… 111
　2　軽油引取税 ……………………………………………………………… 112
　3　ゴルフ場利用税 ………………………………………………………… 112
　コラム　外交関係・領事関係と地方税 …………………………………… 113

第3章　第3四半期の業務（10月〜12月）

10月の業務

10月スケジュール ……………………………………………………………… 118
共通的な項目 …………………………………………………………………… 120
　1　税制関係等 ……………………………………………………………… 120
　　（1）議会等 ……………………………………………………………… 120
　　（2）研修等 ……………………………………………………………… 120

2 申告関係 ……………………………………………………………… 120

（1）法人二税（住民税・事業税）………………………………… 120

（2）道府県・市町村たばこ税 …………………………………… 121

3 滞納整理の促進…………………………………………………… 121

（1）地方税において国税徴収法を適用する根拠 ……………… 121

（2）差押の意義と主な手続き …………………………………… 122

（3）預金の差押 …………………………………………………… 124

市町村税関係 ………………………………………………………… 126

1 個人住民税 ……………………………………………………… 126

2 法人住民税 ……………………………………………………… 126

3 固定資産税等 …………………………………………………… 127

4 事業所税 ………………………………………………………… 129

5 鉱産税・入湯税 ………………………………………………… 129

6 国民健康保険税 ………………………………………………… 129

道府県税関係 ………………………………………………………… 129

1 個人事業税 ……………………………………………………… 129

2 不動産取得税 …………………………………………………… 130

3 軽油引取税 ……………………………………………………… 131

4 ゴルフ場利用税………………………………………………… 133

5 利子割・配当割 ………………………………………………… 133

11 月の業務

11 月スケジュール ………………………………………………… 136

共通的な項目 ………………………………………………………… 138

1 税制等関係 ……………………………………………………… 138

2 申告関係 ………………………………………………………… 139

（1）法人二税（住民税・事業税）………………………………… 139

（2）道府県・市町村たばこ税 ……………………………………… 139

市町村税関係 ………………………………………………………… 139

1　個人住民税 ……………………………………………………… 139

2　事業所税 ………………………………………………………… 139

3　鉱産税・入湯税 ………………………………………………… 139

4　国民健康保険税 ………………………………………………… 140

道府県税関係 ………………………………………………………… 140

1　個人事業税 ……………………………………………………… 140

2　軽油引取税 ……………………………………………………… 141

3　ゴルフ場利用税 ………………………………………………… 141

4　利子割・配当割 ………………………………………………… 141

12月の業務

12月スケジュール …………………………………………………… 144

共通的な項目 ………………………………………………………… 146

1　税制改正 ………………………………………………………… 146

2　申告関係 ………………………………………………………… 146

（1）法人二税 ……………………………………………………… 146

（2）道府県・市町村たばこ税 ……………………………………… 146

3　徴収関係 ………………………………………………………… 146

（1）捜索の意義 …………………………………………………… 147

（2）捜索の方法 …………………………………………………… 147

市町村税関係 ………………………………………………………… 149

1　個人住民税 ……………………………………………………… 149

2　固定資産税等 …………………………………………………… 149

3　事業所税 ………………………………………………………… 150

4　鉱産税・入湯税 ………………………………………………… 150

5　国民健康保険税……………………………………………… 150

道府県税関係……………………………………………………… 150

1　軽油引取税…………………………………………………… 150

2　ゴルフ場利用税……………………………………………… 150

3　利子割・配当割……………………………………………… 150

コラム　地方税における「マルサ」…………………………… 151

第4章　第4四半期の税務事務（1月～3月）

1月の業務

1月スケジュール………………………………………………… 156

共通的な項目…………………………………………………………… 158

1　税制改正事務………………………………………………… 158

2　申告関係……………………………………………………… 158

　　（1）法人二税（住民税・事業税）………………………… 158

　　（2）道府県・市町村たばこ税……………………………… 158

3　徴収関係……………………………………………………… 158

市町村税関係…………………………………………………………… 159

1　個人住民税…………………………………………………… 159

2　固定資産税・都市計画税…………………………………… 162

　　（1）　家屋の意義……………………………………………… 162

　　（2）　土地又は家屋を「現に所有している者」…………… 163

　　（3）　価格調査基準日………………………………………… 164

　　（4）　家屋の評価替えについて……………………………… 165

　　（5）　償却資産の評価………………………………………… 166

3　事業所税……………………………………………………… 167

4　鉱産税・入湯税……………………………………………… 167

5　国民健康保険税 ··· 167

道府県税関係 ·· 168

1　個人事業税 ··· 168

2　軽油引取税 ··· 168

3　ゴルフ場利用税 ··· 168

4　利子割・配当割等 ··· 168

2月の業務

2月スケジュール ·· 170

共通的な項目 ·· 172

1　税制改正事務 ·· 172

　（1）議会対応 ·· 172

　（2）広報 ··· 172

2　申告関係 ··· 172

　（1）法人二税（住民税・事業税） ····················· 172

　（2）道府県・市町村たばこ税 ···························· 172

市町村税関係 ·· 173

1　個人住民税 ·· 173

2　固定資産税・都市計画税 ······································· 173

3　事業所税 ··· 173

4　鉱産税・入湯税 ··· 173

5　国民健康保険税 ··· 173

道府県税関係 ·· 174

1　個人事業税 ·· 174

2　軽油引取税 ·· 174

3　ゴルフ場利用税 ··· 174

4　利子割・配当割等 ··· 174

３月の業務

３月スケジュール ……………………………………………… 176

共通的な項目 …………………………………………………… 178

1　税制改正関係 ………………………………………………… 178

2　申告関係 ……………………………………………………… 179

　（1）法人二税（住民税・事業税） ………………………… 179

　（2）道府県・市町村たばこ税 ……………………………… 179

3　徴収関係 ……………………………………………………… 179

市町村税関係 …………………………………………………… 179

1　個人住民税 …………………………………………………… 179

2　固定資産税 …………………………………………………… 179

3　事業所税 ……………………………………………………… 180

4　鉱産税・入湯税 ……………………………………………… 180

5　国民健康保険税 ……………………………………………… 180

道府県税関係 …………………………………………………… 180

1　個人事業税 …………………………………………………… 180

2　軽油引取税 …………………………………………………… 181

3　ゴルフ場利用税 ……………………………………………… 181

4　利子割・配当割等 …………………………………………… 181

コラム　租税の不遡及原則とは ………………………………… 181

凡　例

本文中での引用、参照の箇所で、法令等に下記の略語を使用しています。

略語	正式名称
憲法	日本国憲法
地税法	地方税法
地方税令	地方税法施行令
地税法規則	地方税法施行規則国税徴収法　徴収法
地自法	地方自治法
地財法	地方財政法
滞調法	滞納処分と強制執行等との手続の調整に関する法律
徴収法	国税徴収法
取扱通知	地方税法及び同法施行に関する取扱についての依命通達
行集	行政事件裁判例集
民集	最高裁判所民事判例集

法令の条文、項、号については、次のように記しています。
地方税法第5条第2項第3号　→　地税法5条②Ⅲ

参考資料

文中に挙げたもののほか、主として以下の資料を参考とした。

○地方税務研究会編　　　『地方税法総則逐条解説』(2017 年、地方財務協会)
○固定資産税務研究会編『固定資産税逐条解説』(2010 年、地方財務協会)
○固定資産税務研究会編『固定資産税基準解説（土地篇）』(2021 年、地方財務協会)
○固定資産税務研究会編『固定資産税基準解説（家屋篇）』(2021 年、地方財務協会)
○市町村税務研究会編　　『要説住民税』(年度版、ぎょうせい)
○固定資産税務研究会編『令和3年度版　要説固定資産税』(2021 年、ぎょうせい)
○地方税制実務検討グループ編著
　　　　　　　　　『地方自治問題解決事例集　税務編』(2012 年、ぎょうせい)
○資産評価システム研究センターホームページ（「評価センター資料閲覧室」）
　　　　　　　　　https://www.recpas.or.jp/new/jigyo/2jigyo_lib.html
○地方税制実務検討グループ「ふるさと納税指定制度不指定事件にみる不遡及原則」
　　　　　　　　　（『月刊　税』(2019 年 11 月号、ぎょうせい)

序章

地方税と自治体税務の概要

I　地方税法の意義と体系

1　地方自治体の財政自主権

　都道府県及び市町村などの地方自治体が、地方自治の本旨に従ってその事務を処理するために、租税を住民に課税することで必要な財源を自ら調達する権利、すなわち課税権については、憲法上の自治権の一環として認められています。すなわち、日本国憲法は、「地方公共団体の組織及び運営に関する事項は、地方自治の本旨に基いて、法律でこれを定める」（憲法92条）と規定し、さらに、「地方公共団体は、その財産を管理し、事務を処理し、及び行政を執行する権能を有し、法律の範囲内で条例を制定することができる」（憲法94条）と規定し、地方団体に、住民の民主的コントロールのもとに、自らの責任で自主的に処理する力を認めています。しかし、地方団体が課税権を有しない場合、地方団体は財政的に国に依存することになり、国の監督を受けやすくなるので、地方団体の課税権は、地方自治の不可欠の要素であり、地方団体の自治権の一環として憲法によって直接に地方団体に与えられています。

　このように、地方団体が憲法上の自治権の一環として課税自主権を有し、それによって自主的に財源を調達することができる、という原則を「自主財政主義」といいます（金子宏『租税法　第24版』2021年、弘文堂）。

　このようなことから地方自治法は、「普通地方公共団体は、法律の定めるところにより、地方税を賦課徴収することができる」（地自法223条）と規定し、地方税法は、「地方団体は、この法律の定めるところによつて、地方税を賦課徴収することができる」（地税法2条）と規定しており、地方自治法で認められた地方公共団体のうち、地方税法上の地方団体（地方税法第1条第2項により準用される都及び特別区を含む。以下同じ。）に対して、法律の枠内で課

税権が与えられています。

2　地方税法の意義

　第二次大戦後、連合軍総司令部（GHQ）の招きで来日した米国のシャウプ博士の日本視察団の報告書であるいわゆる「シャウプ勧告」により、昭和 25 年に制定した現行の地方税法（昭和 25 年法律第 226 号）が成立し、その地方税法に係る「地方税法施行令」（昭和 25 年政令第 245 号。以下「政令」という。）が同時に施行されました。続いて「地方税法施行規則」（昭和 29 年総理府令第 23 号。以下「省令」という。）及び「地方税法及び同法施行に関する取扱いについての依命通達（昭和 29 年 5 月 13 日付け自乙市発第 22 号

　各都道府県知事宛自治庁次長通達。以下「取扱通知」という。）が施行され、さらに、各地方公共団体において、税条例・規則が整備されて、地方税法の法体系が固まってきました。

　地方税の関係法としては、この外にも、地方自治法や民法、国税徴収法や滞納処分と強制執行等との手続の調整に関する法律（「滞調法」）、行政不服審査法、行政事件訴訟法等各種国内法の外、租税条約等の国際法など、様々な法が関係してきますので、特に地方税法の解釈や運用にあたってはこれらの法規に留意していくことが必要となります。

　ところで、地方税法は「枠法」であるとよくいわれますが、これはどういう意味でしょうしょうか。

　これは、地方税法は地方自治体（地方団体）がその課税権を行使しうる範囲（枠）を定めているのであって、地方税法が拘束するのは地方団体であり、住民を直接拘束するものではないとする考え方です。

　地方税の法的性格については、「準則法説」（地方税法は、統一的な準則を示したもの）や、「直接適用説」（地方税法の規定は地方税に関する租税法律関係に直接適用がある）とする説がありますが、

現在では「枠法説」が通説であると考えられています。

　また、地方団体の条例においては、「税率その他賦課徴収については、地方税法その他法令に定めがあるものの外、この条例の定めるところによる」というような概括規定を置いているのが一般です。このような規定はセービング・クローズ（saving clouse）と呼ばれていますが、これは、法が条例で定める事項についてのみを規定し、その他は「地方税法の規定による」旨を規定すれば、法的には課税権は実現できるものと解されています。

　この点につき、総務省の取扱通知では地方税関係の法律、政令及び規則において明確に規定され、各地方団体の選択的な判断の余地のないものについても、課税の基本的事項で、住民が税制度を理解するうえで最少限度必要なものについては、重複をいとわず総合的に規定することが適当であるとしています（取扱通知第1章一(2)）。

3　地方税における「告示」について

　租税法においては、その法源として告示という法形式が出され、地方税法においても「告示」が発出されています。行政機関によって定立される規範である「行政立法」は、法規の性質を持つ「法規命令」と法規の性質を持たない「行政規則」に区分されます。しかしながら、行政立法では行政規則の形式をとりながら、法規の授権に基づき、法規の内容を補充する法規命令としての実質を具えることがあり、その著しい例が「告示」とされます（田中二郎『行政法総論』1957年、有斐閣）。この「告示」は、各大臣等が「公示」を必要とする場合においては、「告示」を発することができる、と定められており、行政機関がその意思や事実を広く一般に「公示」する方式として規定されている（国家行政組織法14条①）。具体的には、法規命令、行政規則、一般処分、営造物規則、事実上の通知など、様々な行政措置が「公示」の形式で発せられています。

このような告示は一般には法規の性質を持たない行政規則の一種として説明されることも多いが、個別の法令で各種の事項について公示が義務づけられ、あるいは明文で義務づけられていない場合でも、多くの事項について告示が発せられていることから、告示の法的性質は各々の内容に即して検討されなければならない、とされています（外間寛「告示・通達の法的性質」『行政法の争点（新版）』1990年、有斐閣）。例えば、生活保護基準（生活保護法8条①）のような一般的法規範の内容が告示で公表されるときは、告示は一種の法規定立行為として、行政立法の性格を持つと解されます（原田尚彦『行政法要論　全訂第七版補訂二』2012年、学陽書房）。

　ところで、租税法では、例えば公益法人等に対する寄附金で財務大臣が告示で指定したものは総所得金額等から控除する、というように、法律の定める課税要件規定を補充する場合に「告示」が用いられることが少なくありません。

　この場合の「告示」は、その性質上、法規を定立する行為であり、補充立法又は委任立法として、租税法源の一種である、とされます（金子宏『租税法　第24版』2021年、弘文堂）。

　このような「告示」の地方税法における例としては「固定資産税評価基準」（自治省告示第158号（昭和38年12月25日））があります。これは、総務大臣が固定資産の評価の基準並びに評価の実施の方法及び手続を定め、これを告示しなければならない、という規定に根拠を置くものですが（地税法388条①）、内閣総理大臣の諮問機関である固定資産評価制度調査会の答申を踏まえて地方税法で明記され、法的拘束力を持たせるようにしたものです。この告示につき、最高裁判決では、法は「適正な時価」を算定するための技術的かつ細目的な基準の定めを自治大臣の告示に委任したものであって、賦課期日における客観的な交換価値（適正な時価）を上回る価格を算定することまでもゆだねたものではない、として、固定資産税評価における告示における委任の限界が示されています（最高裁

平成 15 年 6 月 26 日第一小法廷判決)。

4　税率の設定

　地方税法では、地方団体が課税する場合に通常よるべき税率として標準税率を定めています。標準税率とは、地方交付税を算定するための基準財政収入額の基礎数値として用いられます。また、特にその地方団体が財政上その他の必要があると認める場合には、標準税率によらずに税率を設定することができることとされています（地税法 1 条 1 項 5 号）。このように標準税率を超えて税率を定めることを超過課税といいます。

　この超過課税を行う場合、以前は当該地方団体に「財政上の特別の理由」が必要とされていましたが、平成 16 年度税制改正により、税率設定の自由度を拡大する観点から「財政上その他の必要があると認める場合」に改められました。これにより、財政上の必要性だけでなく、税収規模に関係なく一定の政策目的を達成する手段として税率変更をすることも可能となりましたが、制限税率が設けられている税目については、その率を超えることはできません。なお、地方税法上において、標準税率を下回る税率を設定する場合の制限はありませんが、地方財政法では、地方債についての関与の特例として、普通税（地方消費税、地方たばこ税等を除く。）の税率のいずれかが標準税率未満である地方団体は、地方財政法 5 条 5 号に規定する経費の財源とする地方債を起こし、又は起債の方法、利率若しくは償還の方法を変更しようとする場合は、政令で定めるところにより、総務大臣又は都道府県知事の許可を受けなければならない（地財法 5 条の 4 ④）、されていることに留意する必要があります。

5　課税免除と不均一課税

　超過税率以外に、地方団体が課税自主権を行使できるものとし

て、課税免除があります。地方税法では、「地方団体は、公益上そ
の他の事由に因り課税を不適当とする場合においては、課税をしな
いことができる」と規定されています（地税法6条①）。地方税法
は、各税目に非課税の規定を置き、その範囲を定めていますが、こ
うした非課税措置は、政策目的、税制上の理由により設けられてい
るもので、全国一律に適用されるものです。これに対し、個々の地
方団体が公益上その他の事由があるときはその独自の判断により、
一定のものに対し、その地域社会における社会経済生活の特殊事情
を考慮して、地方団体の自主性に基づいて、課税を除外することが
認められています。これを課税免除といいますが、課税免除は、地
方団体自らの意思により課税権の行使を放棄するものであり、地方
団体の条例による「非課税」というべきものです。

　課税免除を行うことができるのは、「公益上その他の事由に因り
課税を不適当とする場合」です。この「公益上の事由」とは、課税
対象に対し課税をしないことが直接公益（広く社会一般の利益）を
増進し、又は逆に課税をすることが直接公益を阻害する場合をい
い、また「その他の事由」とは、公益に準ずる場合をいうものと解
されています。

　課税免除と同様の趣旨により、地方団体は不均一の課税を行うこ
とが認められています。地方税法は、「地方団体は、公益上その他
の事由に因り必要がある場合においては、不均一の課税をすること
ができる」と定めています。（地税法6条②)。この不均一課税と
は、特定の場合において、ある一定の範囲を限って、条例により一
般の税率と異なる税率で課税することである。地方団体は、公益上
その他の事由を考慮して、課税免除を行うほどの強い要請はない
が、若干の税負担の軽減を行う必要があると判断した場合には、そ
れに応じた不均一課税を行うことができるとされています。

Ⅱ　地方税に係る税務組織について

1　地方税務組織

　納税者が納める税額の確定や徴収のことを「租税手続」といい、こういった租税手続きを公正・的確・迅速に進めることが求められている組織を法的には租税行政組織」と呼ばれています。また、納税者に対し、「○○税務署長」とか「○○市長」とかいうように、その名において租税の確定と徴収に関する各種の処分を行う権限を与えられている者を「租税行政庁」といいます。

　国税の場合は、租税行政組織として、租税の制度の調査・企画・立案を所管する役所として財務省があり、租税法規の執行に関する企画・立案及び執行にあたる機関として国税庁があり、そして、各国税局・税務署が置かれています。

　地方税の場合、地方税法を初めとする地方税に関する事務は総務省（自治税務局）が所管しており、地方税法に基づいて条例・規則を制定し、税務事務を執行する「租税行政組織」として、各県に税務課などが、各市町村には税務課が置かれており、地方税の執行を担っています。また、これらの地方の租税行政組織として、政令市の場合は「財務局主税部」等として、また中核市などにおいては「税務部」として、資産税課や納税課など複数の課が置かれることもあります。

　また、都道府県において、市町村行政の一つとして、県内各市町村に対する税務についての各種の調整等を図り、助言を行い、統計的なデータ取りまとめ等を行う税務組織として「市町村担当課（かつての「地方課」）」があります。

　なお、平成31年4月には地方団体が共同して、機構処理税務事務関連を行い、地方税に関する事務の支援等を行う地方共同法人として「地方税共同機構」が設立され（地税法761条〜803条）、

eLTAX や自動車税保有関係手続に係る OSS の運用や研修・調査研究・広報等にあたっています。

2　徴税吏員について

　地方税法でいう徴税吏員とは、①道府県知事またはその委任を受けた道府県職員、②市町村長またはその委任を受けた市町村職員をいうものとされています（地税法1条①Ⅲ）。このように「徴税吏員」の地方税法上の定義には、都道府県知事や市町村長・特別区長も含まれることになりますが、地方税の賦課徴収事務の中には、賦課処分や督促のように大量の処分を行い、租税債権債務関係を形成することから地方団体の長が行うことが適当なものと、動産の差押えのように、通例地方団体の長が行うことがない個別事案に対するものとがあるので、このような文言になっているものと解されています。

　なお、徴税吏員については、平成18年の地方自治法改正以前は、「道府県知事若しくはその委任を受けた道府県吏員」といった規定でした。平成19年4月から施行された平成18年地方自治法改正において、地方自治法における「吏員」と「その他の職員」との区分が廃止され、「職員」に統一されたことに伴い、地方税法における徴税吏員の規定も、現行のように改められましたが、この改正は、徴税吏員の範囲等に変更を生じるものではない、とされています。

　改正前の自治法における「吏員」と「その他の職員」は、戦前の官吏制度に基づくものと思われます。すなわち、戦前においては、公務員は、国の官吏、地方吏員、雇員及び傭人に分かれており、官吏と吏員が公法上の勤務関係に立つのに対して、雇員及び傭人は私法上の雇傭契約によるものとされていました。

　このように地方税務行政においては、一般的には、知事や市長から包括的又は個別的に発令を受けて徴税吏員を命ぜられた者が、そ

の地方団体において定められた職務権限を行使して賦課徴収を行うことになります。都道府県の場合は、知事から支庁の長や県税事務所長に、市町村の場合は、市町村長から支所長などに、また、政令指定都市の場合は支庁から各区長に、それぞれ地方税法で定める地方団体の長の権限（更正、決定、賦課決定、減免等）の一部を委任することができる、とされています（地税法3条の2）。この地方団体の長の権限が委任されると、長の権限はその委任をした範囲内でなくなり、委任を受けた者がもっぱら自己の名、すなわち自己の責任においてその権限を行うことになるので、例えば、不服申立てや訴訟の場合も県税事務所長を相手取って提起される、ということが多くなっています。

3　地方税務職員の守秘義務

　一般に地方公務員には地方公務員法34条1項で職務上知り得た秘密に関する守秘義務があり、これに違反した場合は1年以下の懲役又は3万円以下の罰金に処する、とされています。

　ところで、地方税務職員には、地方公務員法の守秘義務以外に特別な守秘義務が課せられており、地方税法22条において、「地方税に関する調査（中略）に関する事務に従事している者又は従事していた者は、その事務に関して知り得た秘密を漏らし、又は窃用した場合においては、2年以下の懲役又は100万円以下の罰金に処する」とされています。この趣旨は、地方税について調査をしていく場合に、当該納税者の所得状況など、私人のプライバシーを知ることになるがその際に私人のプライバシーを保護し人権を保障する、とされています。

　ここでいう「地方税に関する調査」とは、賦課徴収に関連した調査だけでなく、不服申立てに対する審査上の調査や、脱税事案など犯則事件の調査なども含まれます。具体的には、徴税吏員として質問調査権を行使して知ったものや口頭で納税者から告知されるなど

のほか、納税者から提出された申告書の書類の審査で秘密を知る場合も含まれます。また、「調査に関する事務に従事している者」とは、地方団体の税務関係職員をいい、徴税吏員またはそれを補助する職員をいいますが、これは、在職中であるか退職後であるか、または　正当な職務権限を有しているかどうかは問いません。このように、地方公務員法により守秘義務を課せられるのは、いわゆる一般職の地方公務員ですが、地方税の場合は、特別職の地方公務員も守秘義務が課せられる者の範囲内になります。

　さて、地方税法でいう「秘密」とは、「一般に知られていない事実で本人が他人に知られないことについて客観的に相当の利益を有すると認められる事実」とされています。具体的には、地方税に関する調査の対象事項であるため、税務職員が知ることができた収入額または所得額、課税標準額、税額等私人の秘密があります。また、調査事務を執行することによって関連して知り得た私人の秘密（職業や家族の状況等）であっても秘密に該当する場合があります。

　また、「秘密を漏らす」行為とは、秘密事項についてそれを知らない第三者にそれを告知することであり、告知にあたっては方法を問わず口頭、書面によっても差し支えない、とされます。また、書類を机の上に置いておいて第三者にみられるなど不作為のものも「秘密を漏らした」ことになります。

　このように、地方税法に定める秘密漏えいに関する罰則は、私人の秘密を保護することをその目的としていますが、どのような場合に漏えいが違法かということについては、その秘密の漏えいが実質的に全体としての法秩序に反するかどうかを個々の場合に検討しなければなりません。特に他の法令に税務情報の資料請求権等が規定されているときには、例えば守秘義務の対象となる課税台帳を閲覧することが法律で定める犯罪の構成要件に該当するとしても、実質的に全体としての法秩序に反しないとされる場合には、違法性が阻却され、犯罪が成立しない、ということになります。

こういった厳格な守秘義務規定が地方税法にある一方、官公庁では税務情報を必要とする場合があり、税務担当部局として法令等の規定によって、外部へ提供しなければならないときもあります。例えば、公営住宅法第34条では、事業主体の長は、家賃の決定や家賃の減免、明渡しの請求など入居の措置に関し必要があると認めるときは、公営住宅の入居者の収入の状況について、当該入居者等に報告を求め、又は官公署に必要な書類を閲覧させ、若しくはその内容を記録させることを求めることができる、とされています。つまり、公営住宅の事業主体の長については、入居者に収入状況の報告をさせる義務を求めているが、入居者が報告しない場合に、入居者の収入の状況について、市町村民税の課税台帳の記載内容について、公営住宅の事業主体の長が閲覧することが公営住宅法で認められているのです（昭38・3・15内閣法制局1発6号、内閣法制局第一部長から自治省税務局長あて法制意見）。

　このように、他の行政機関から、法令の規定に基づいて、情報の提供を求められた場合の取扱いについては、個別具体の状況に応じ、事案の重要性、緊急性、代替的手段の有無、全体としての法秩序の維持の必要性等を総合的に勘案し、保護法益間の比較考量を慎重に行ったうえで、情報提供が必要と認められる場合について、必要な範囲内で情報提供に応じることが適当である、とされるところです（地方税務研究編『地方税法総則逐条解説』672ページ、2017年、地方財務協会）。

Ⅲ　地方税の種類

1　市町村税と道府県税

　地方税には市町村が課税する市町村税と道府県が課税する道府県税があります。

東京都においては、都の特例で、特別区の区域においては、東京都が特別区の区域を一つの市とみなして、市町村税である法人住民税、固定資産税、特別土地保有税（現在、課税停止中）を課税します（地税法734条等）。この場合、都が課税した法人住民税等の税収については、「都区財政調整制度」に組み込まれ、その一定割合（55.5%「が、各区の財政規模（基準財政需要額—基準財政収入額）に応じて、特別区財政調整交付金として配分されます。

2　徴収の方法による差異

　固定資産税や不動産取得税は、租税行政庁が調査し、課税標準額を決定して納税者に課する普通徴収の方法による税目で、実務的には「賦課税目」とも呼ばれます。

　一方、法人住民税・法人事業税（法人二税）は、納税者が自らの申告によって課税する税目であり、申告納付の方法によるもので「申告税目」と呼ばれます。この場合も申告の誤りのときには納税者・租税行政庁が自ら課税標準額を算定して課税する「更正決定」を行うことがあります。

　また、特別徴収の方法によるものとして、個人住民税のいわゆる給与からの「天引き」や軽油引取税等については、特別徴収義務者を設けて納税者から徴収する、という制度を採用しています。

3　いわゆる「年税」と「月税」

　固定資産税、自動車税は年間のある日を基準日として、定期課税は年1回、課税することになりますので、実務では「年税」と呼ぶことがあります。一方、入湯税や軽油引取税については、前月の課税標準について毎月月末に申告納付しますので「月税」と呼ばれることがあります。

4　法定税と法定外税

　固定資産税や住民税、事業税は法定税目ですが、自治体が独自に条例を制定して課税する税は法定外税と呼ばれ、道府県・市町村法定外普通税、市町村法定外目的税があります（地税法259条、同669条、同731条）。法定外税の例としては、「宿泊税」「産業廃棄物税」等があります。

5　主な地方税

　主な地方税として、次のようなものがあります。

（1）個人住民税（個人の道府県民税・市町村民税）及び個人事業税（道府県民税）

　個人住民税は、地域社会の費用の負担を住民が広く分かち合う「地域社会の会費」的な性格を有する税です。市町村民税と都道府県民税があり、1月1日に当該市町村（都道府県）に住所を有する者に対し、当該住所地の市区町村が都道府県住民税もあわせて課税し、都道府県は市区町村に徴収金を支払います。均等割と所得割があり、徴収方法として、特別徴収と普通徴収があります。特別徴収については、特別徴収義務者（会社等事業者）からの申告に基づき、5月末に納税者に特別徴収義務者を通じて通知を出し、普通徴収については、所得税の確定申告に基づき、毎年6月に納税通知書を出します。

　個人住民税のうち、利子割・配当割・株式等譲渡所得割は、道府県民税となっており、市町村へは、都道府県が収入した金額の一定割合が交付されます。

　道府県税では、個人の法定の事業に対し、課する個人事業税があり、確定申告に基づき8月に納税通知書を送付します。

（2）法人二税（法人市町村民税・法人道府県民税、法人事業税）及び特別法人事業税（国税）

　原則として事業年度の最終月の2か月後に、市町村には法人市町村民税が、都道府県には、法人道府県民税・法人事業税（いわゆる法人二税）及び特別法人事業税（国税）が申告納付されます。

　法人住民税については、均等割・税割（法人税準拠）があります。法人事業税については、所得割（法人税準拠）・付加価値割・資本割・収入割がありますが、このうち、付加価値割及び資本割の適用を受ける法人（資本金1億円超）を「外形標準課税法人」と呼んでいます。

（3）地方たばこ税

　地方のたばこ税は、製造者等から小売販売業者等に売渡し等された、製造たばこに課税される税で、食料品などのような生活必需品とは異なる、特殊な嗜好品としての性格に着目して、いわゆる財政物資としています。課税標準は売渡し等に係る製造たばこの本数で、毎月申告納付します。

（4）固定資産税・都市計画税（市町村税）・不動産取得税（道府県税）

　固定資産税は、シャウプ勧告を契機として行われた昭和25年の地方税制度の根本的改革に伴い創設され、固定資産（土地、家屋及び償却資産）の保有と市町村が提供する行政サービスとの間に存在する受益関係に着目し、応益原則に基づき、資産価値に応じて、所有者に対し課税する財産税となります。毎年1月1日の固定資産の所有者に課税しますが、3月末の価格決定後に4月から固定資産評価台帳の縦覧に供し、4月〜6月に納税通知書を送付します。償却資産については1月末までに提出させた申告書を基に課税します。償却資産について複数の市町村にまたがる大規模なものは道府県で課税す

ることになります。なお、国有等施設の非課税資産については、代替的な財源として国有資産等所在市町村交付金が、米軍・自衛隊基地等については、基地交付金（国有提供施設等所在市町村助成交付金）及び調整交付金（施設等所在市町村調整交付金）があります。

　都市計画税は都市計画法に基づいて行う都市計画事業等に要する費用に充てるために市町村が目的税として課税します。

　不動産取得税は、不動産の取得の背後にある担税力に着目して課される税です。固定資産税の税率を引き下げることにより、その不動産に対する将来にわたる固定資産税の負担の緩和を図るとともに、不動産を取得するという比較的担税力のある機会に相当の税負担を求める観点から、昭和29年度税制改正により道府県税として創設された、いわば固定資産税の先取り的な税といえます。

（5）自動車税（道府県税）・軽自動車税（市町村税）〈環境性能割〉

　自動車税環境性能割は、自動車がもたらすCO_2排出、道路の損傷、交通事故、公害、騒音等の様々な社会的コストにかかる行政需要に着目した原因者負担金的性格を有する普通税で、自動車取得税の廃止とともに導入されました。環境インセンティブを最大化する政策的意図に基づいて、自動車の環境性能に応じて税率を決定する仕組みとして設計されています。徴収方法は申告納付で、軽自動車税環境性能割については、当分の間、道府県で課税することになっています。

（6）自動車税（道府県税）・軽自動車税（市町村税）〈環境性能割・種別割〉

　自動車・軽自動車に対し、その所有の事実に担税力を見出し、その所有者に課する普通税です。道路等との間に極めて直接的な受益関係を持つ特殊な財産税としての性格を持つほか、道路損傷負担金

的な性格を持っています。4月1日を賦課期日として、5月に納税通知書を送付します。

（7）軽油引取税（道府県税）

　軽油引取税は、軽油の使用者と、道路整備、交通事故対策、救急医療対策、地域環境対策といった行政サービスを供給する地方団体との応益関係に着目して課税する普通税です（創設当時は道路目的税）。元売業者又は特約業者からの軽油の引取りで、当該軽油の現実の納入を伴うものについて、元売業者又は特約業者から現実の納入を伴う軽油の引取りを行う者の申告納付となります。

（8）事業所税（市町村税・特定の市のみ課税）

　事業所税は、都市環境の整備及び改善に関する事業の財源にあてるための目的税で、一定規模以上の事業を行っている事業主に対して資産割と従業者割が課されます。申告納付になります。法人は事業年度終了の日から2か月以内に、個人は事業を行った年の翌年3月15日までに申告納付します。

（9）入湯税（市町村税）

　入湯税は、入湯施設の利用と市町村の行政サービスとの関連に着目し、鉱泉浴場所在の市町村が課する目的税で鉱泉浴場における入湯行為に課税しますが、旅館等が特別徴収義務者として、入湯客から入湯税を徴収し、市町村に納入します。

（10）ゴルフ場利用税（道府県税）

　ゴルフ場利用税は、ゴルフ場が、開発許可、道路整備、防災、廃棄物処理などの地方公共団体の行政サービスと密接な関連を有していること、また、ゴルフ場の利用料金は、他のスポーツ施設の利用料金と比較して一般に高額であり、その利用者の支出行為には、十

分な担税力が認められることに着目して、ゴルフ場の利用者に課税する普通税で、ゴルフ場経営者が利用者から徴収し、道府県に申告納付します。

(11) 鉱産税（市町村税）

鉱産税は、鉱業法第3条に規定する鉱物の掘採の事業を行う鉱業者に課税させる税で、毎月10日を納期として申告納付します。

(12) 鉱区税（道府県税）

鉱区税は、鉱区の設定許可を受けた鉱業権者が地下の埋蔵鉱物を掘採するという特権を与えられていることに対する反射的な負担として課される特権税的な性格を有する普通税で、鉱区面積について、普通徴収で鉱業権者に対し課税されます。

(13) 狩猟税（道府県税）

狩猟税は、鳥獣の保護及び狩猟に関する行政の実施に関する費用に充てるための目的税で、道府県知事の狩猟者の登録を受ける者に対し課税されます。

(14) 国民健康保険税（市町村税）

国民健康保険の負担は、本来、医療保険の保険料としての性格を持ちますが、市町村の選択により、保険「料」の形式を採る以外に、徴収上の便宜として保険「税」の形式を採ることが認められており、国民健康保険に加入する被保険者の属する世帯の世帯主に対し、6月から7月頃に課税されます。

(15) 森林環境税（国税）・森林環境譲与税

森林環境税及び森林環境譲与税は、パリ協定の枠組みの下におけるわが国の温室効果ガス排出削減目標の達成や災害防止を図るた

め、森林整備等に必要な地方財源を安定的に確保する観点から創設されました。このうち、森林環境税は、令和6年度から国内に住所を有する個人に対して課税される国税で、市区町村において、個人住民税均等割と併せて一人年額千円が課税されます。その税収は、全額が森林環境譲与税として都道府県・市区町村へ譲与されますが、森林保護が喫緊の課題であることにかんがみ、前倒しで譲与税の交付がされています。なお、地方譲与税としてはほかには地方揮発油譲与税（地方揮発油税（ガソリン税）収入額全額）、航空機燃料譲与税（航空機燃料税の一定額）、特別法人事業譲与税（特別法人事業税収入額全額）などがあります。

(16) 地方法人税（国税）

　消費税率8%段階及び10%段階において、地域間の税源の偏在是正・財政力格差の縮小を図るため、法人住民税法人税割の交付税原資化が進められました。これに伴い、国税として地方法人税が平成26年度税制改正において創設され、国の法人税にあわせて申告納付されています。

(17) 地方消費税（道府県税）

　現行の消費税の税率の中には「地方消費税」が含まれていることは一般にはあまり意識されていないところですが、地方消費税は平成6年の税制改革の一環として、地方分権の推進、地域福祉の充実等のため、地方税源の充実を図る観点から、消費譲与税に代えて創設され、平成9年4月に導入されました。納税義務者は譲渡割は課税資産の譲渡等（特定資産の譲渡等を除く）及び特定課税仕入れを行った事業者で、貨物割は課税貨物を保税地域（外国貨物を輸入申告前に蔵置する場所）から引き取る者となっています。なお、譲渡割については、当分の間、国（税務署）に消費税と併せて申告納付され、貨物割については国（税関）に消費税と併せて申告納付され

ています。地方消費税は国から都道府県に納入された後、都道府県間で清算基準に基づいて清算し、また、一部市町村にも交付されます。

　参考までに、地方消費税（譲渡割）の４月における申告納付は次のようになっています（５月から１月ずつずれる）。

〈４月の納税時期〉

● ２か月前の決算期の法人の確定申告及び納付（２月決算法人→４月末日納付）

● ８か月前の決算期の法人の中間申告及び納付（８月決算法人→４月末日納付）

● 11か月前の決算期の法人の中間申告及び納付（第３四半期分：５月決算法人→４月末日納付）

● ５か月目の決算期の法人の申告期及び納付（第１四半期分：１１月決算法人→４月末日納付）

コラム

地方税法の条文

　地方税法を紐解くと、本法だけで１千以上の膨大な条文がありますが、長年の度重なる税制改正によって、分量も徐々に増え、税法の内容も複雑になっています。その中で、特筆すべきことは、総則以外の各税目について、定義や賦課期日、課税客体（課税標準額）、税率、申告の納付納入期限、納期限から延滞金、加算金、督促から差押まで、一つの税目に全て盛り込まれ、ほぼ独立した完結を示していることです。同様の項目が他の税目でも並列的に記載され、繰り返し同じような条文が記載されていることで、よりこまごまとしてわずらわしくなっている印象があります。これは、国税における「国税通則法」及び他の税目の個別

法と比較しても、その違いが明らかであろうと思います。

　地方税法がこのような条文になってしまったのは、その成立過程に原因があるようです。現行の地方税制は、当時の「シャウプ勧告」に強い影響を受けていますが、具体的には住民税を市町村税とし、地租・家屋税に償却資産を加えて市町村税として固定資産税を創設し、営業税を再び地方に移管して「付加価値税」（外形標準課税）とし、さらには地方財政平衡交付金制度（後の地方交付税）を創設するなど、シャウプ勧告は日本の地方税財源の充実に大きな影響を残したといえます。

　その反面、このシャウプ勧告は当時の日本の内政指導に当たっていたGHQ の強く支持するところとなり、その結果、大枠どころか、法文の細部にわたって強く指示がなされました。モデルとしてとられたものが米国のある州の税法であったこともあって、個々の納税者が各税目を読んで、納税義務の発生（課税）から消滅（徴収）までほぼ一目瞭然として理解できるように、税目ごとにほぼ独立した完結した姿を示すことになったというのです。いわば「現行地方税法は、大観していわば、各税目ごとに書かれたそれぞれ完結した個別税法を、課税権及び賦課徴収に関する根本規律を中心として規定を加えて一篇の法律に包んだものということができる」（柴田護『地方税総則』1971 年、良書普及会）ということでした。

　しかしながら、これは、民主的である一方、煩雑さを招いており、しかも、本来は枠法である地方税法にこのような規定は不要で、むしろ住民に直接課税をする根拠となる条例の方がこのような構成を採用すべきではなかったか、というのが、当時の地方自治庁府県税課長であった柴田護氏（後の自治事務次官）が指摘されていたところです。先にみた旧依命通達において、条例の制定にあたり、「住民が税制度を理解するうえで…重複をいとわず総合的に規定することが適当」と示しているのは、このような過程からきているのかもしれません。

第1章

第1四半期の税務事務

（4月〜6月）

年度の第1四半期にあたる4月から6月は、人事異動で、新規採用者も含めた税務未経験者が職場に配属される中で、税務担当課の中で一番の繁忙期といえます。固定資産税の縦覧と証明書の発行事務（特に4月初日）があり、固定資産税・住民税・自動車税の主要税目の納税通知書の送付があり、法人二税の5月・6月の3月決算法人の申告があり、徴収関係では5月末の出納閉鎖日に向けた前年度以前分までの滞納整理収入確保等がある……という業務の集中がある中で適切に業務を遂行していかなければなりません。

4月の業務

April

４月　スケジュール

月	日	共通項目				
		税制関係	法人二税	諸税	徴収関係	
4	1				●出納整理期間開始 （4/1～5/31） ◆納税証明 　書の発行 　（繁忙期）	
	2					
	3					
	4					
	5					
	6					
	7					
	8					
	9	初任者研修 （集合研修・ OJT）	・法人二税前 　月申告書 　分入力・ 　電子申告 　分処理			
	10					
	11					
	12	◎議会・臨時 　会（専決 　条例の報 　告・承認） 　（4月中 　旬）				
	13					
	14					
	15					
	16					
	17					
	18					
	19					
	20					
	21					
	22					
	23					
	24					
	25		・法人二税是 　認・更正 　決定処理			
	26					
	27					
	28					
	29					
	30		●2月決算法人・確 　定申告／8月決算法 　人・予定中間申告 　（4月末日） ○均等割のみ法人の法 　人住民税申告納付期 　限	○地方たばこ税3月分 　申告納付（4月末 　日）	・滞納引継事 　案読込・ 　催告・臨 　戸・財産 　調査・滞 　納処分等	

	市町村税			道府県税		
	住民税	固定資産税	軽自動車税・諸税	事業税 住民税	不動産取得税・軽油引取税	自動車税・諸税
1		●縦覧開始 （4/1〜第1期納期）	・軽自動車税（種別割）賦課期日			・自動車税（種別割）賦課期日 ・鉱区税賦課期日
	◆課税・評価証明書等の発行（繁忙期）					
2						
3						
4		◆審査の申出の受付（評価替え基準年度）				
5						
6						
7						
8		◆固定資産税・都市計画税別の納税通知書発付（4月課税の場合）				
9						
10	・3月特別徴収税額納入（4/10まで） ・県民税分の県への払込（毎月10日）		◆軽自動車税（種別割）納税通知書発付（4月課税の場合）	◆利子割・配当割前月分を納入（10日まで）		○自動車税（環境性能割）は新規登録時・取得時に申告納付
11						
12						
13						
14						
15	・給与所得者異動提出書提出（4/15まで）			◇個人事業税の税務署閲覧事務終了（4月中旬頃又は5月頃まで）		○狩猟税：登録時に納付
16						
17	◇個人住民税の税務署閲覧事務終了（4月上旬〜中旬頃）					
18						
19						
20						
21						
22						
23						
24						
25						
26						
27						
28						
29						
30	◇個人住民税の定期課税入力事務 ○ふるさと納税ワンストップ特例制度による申告特例通知書の送付（通年）	・固定資産税・都市計画税の第1期納期限及び縦覧期間最終日（4月課税の場合）	・軽自動車税（種別割）納期限（4月課税の場合） ・事業所税（法人）2月決算法人申告 ◇鉱産税・入湯税3月分納期限（条例で4月末日と規定している場合）		○軽油引取税3月分申告納付（4月末日） ○不動産取得税4月課税分納期限	○ゴルフ場利用税は条例で定める日までに前月分を申告納付

◆主な事務

- 議会対応（3月専決処分事案等）

- 法人二税等申告受付

- 前会計年度の収入に係る滞納整理事務（処分、停止、不納欠損）

- 固定資産税縦覧対応等又は定期課税（4月課税の場合）

- 軽自動車税（種別割）定期課税事務

共通的な項目

1　税制改正関係

　税務課における税制担当者については、4月に議会の臨時会が開会される自治体の場合、3月において専決処分をした税条例について、議会に報告をし、承認する事務があります。

　すなわち、地方税法については、毎年、年末までに与党税制調査会で議論された後に次の年度の税制改正大綱が定められ、政府においてその内容が閣議決定された後、地方税法改正法案が2月頃に国会に提出されることになります。改正法案については、両院で審議・可決され、公布・施行されることになりますが、これにあわせて、各自治体の地方税条例も改正し、原則として4月1日に施行する必要があります。

　日程的には3月議会で条例の審議・可決が行えない自治体が大多数と思われますが、この場合、「議会を招集する暇がないとき」として、3月中（又は4月1日）に都道府県知事又は市区町村長による「専決処分」（自治法179条）を行い、税条例を成立させます。この専決処分については、その後、議会に報告し、その承認を求めなければならない、とされ、4月以降に開催される臨時議会又は第

二回定例会に条例案を報告し、承認を得ることとなります。

【専決処分の例】

○専決処分書

専決処分書

　地方自治法第179条第1項の規定により、次のとおり専決処分する。

　　令和〇年3月31日

Ｘ市長　　◇◇　◇◇

1　専決処分する事項

　Ｘ市市税条例等の一部を改正する条例制定について

2　専決処分する理由

　地方税法等の一部を改正する法律（令和〇年法律第〇号）が、令和〇年3月31日に公布されたことに伴い、Ｘ市市税条例等を直ちに改正する必要が生じたが、市議会を招集する時間的余裕がないので、地方自治法第179条第1項の規定により専決処分するものである。

　Ｘ市市税条例等の一部を改正する条例

（以下略）

○議案

　議案第〇号

　　専決処分について

　地方自治法第179条第1項の規定により、次の事件について別紙のとおり専決処分したので、同条第3項の規定によりこれを報告し、承認を求める。

　　令和〇年〇月〇日提出

Ｘ市長　　◇◇　◇◇

　Ｘ市市税条例等の一部を改正する条例制定について

（以下略）

　これらの報告及び了承を求める議会での審議については、条例案

の概要・参考資料等を用意する外、説明文・質疑応答をまとめておく必要があります。

　なお、改正地方税法に係る政令・規則及び「取扱通知」（地方税法の施行に関する取扱いについて）については、4月以降に発出されますので、それらの内容について留意しておくことも必要です。

2　申告受付、納税証明等

（1）法人二税申告受付

　法人二税（住民税・事業税）については、法人の事業年度終了の日（決算日）から2か月以内に確定申告を行わなければなりません。また、事業年度が6か月を超える法人については、事業年度開始の日以降6か月を経過した日から2か月以内に中間申告（予定申告）しなければなりません（地税法53条、321条の8、72条の25）。

　4月の法人二税の申告は2月決算法人の確定申告及び納付、8月決算法人の中間申告（予定申告）及び納付となります。法人二税の担当者は、各法人から窓口又は郵送で提出された確定申告書又は中間（予定）申告について、記載漏れ（法人番号、法人名、本店所在地、代表者名、資本金等の額、均等割額・法人税割額等）がないか、確認し、収受印を押して、その控を法人（経理担当者又は関与税理士）に返却します。

　また、法人住民税のみの取扱いですが、均等割のみを申告納付する公共法人等については、年1回、4月末日に申告納付をすることになります（地税法321条の8⑲）。

　ところで、法人二税の申告・納付については、従前より、「eLTAX（エルタックス）」による電子申告によって行うことができます。このeLTAXとは、地方税法において定められ、地方公共団体が共同で運営する地方共同法人である「地方税共同機構」によって開発・運営されている電子申告です。担当者は、eLTAXか

ら送信されてきた法人二税の申告データについても、誤りがないか、確認します。

（2）道府県・市町村たばこ税の申告受付等

　たばこ税の納税義務者は、都道府県（市町村）内の小売販売業者等に対して製造たばこの売渡し等をした国産たばこの製造業者、外国たばこの輸入販売業者および卸売業者（卸売販売業者等）になります。卸売販売業者等は、毎月末日までに先月分のたばこの売渡本数に係る申告を行います（この場合、常時、たばこを輸出する業者への売渡し等は課税免除されますが、課税免除分も申告します）。4月の税務としては、3月分の申告納付を4月末日までに受け付けることになります。

3　徴収関係

（1）納税証明書等の発行【通年】

　税務行政におけるサービス行政の一つとして、納税証明書の制度があります。この制度は、広く納税者の経営業績、信用度合の判定基準として活用されています。

　地方公共団体の長は、地方税法等に規定する、地方団体の徴収金と競合する担保権の設定その他の目的で、納税額や納税の有無等の事項について証明書の交付の請求をする者があるときは、その者に関するものに限り、証明書を交付しなければならないこととされています（地税法20条の10、地税令6条の21、地税規則1条の9）。

　地方税法等で定められている証明事項は次のとおりです。

- 地方団体の徴収金の納付または納入すべき額として確定した額ならびに納付または納入した額および未納の額（これらの額のないことを含む。）
- 地方団体の徴収金の法定納期限等（地税法14条の9①、②）
- 保全差押金額として通知した金額（地税法16条の4②）

- 固定資産課税台帳に登録された事項
- 地方団体の徴収金について滞納処分を受けたことがないこと
- 前事業年度等以前の法人税額について控除されなかつた控除対象通算適用前欠損調整額等、内国法人の控除対象還付法人税額、外国法人の恒久的施設又は非恒久的施設の帰属所得に係る控除対象還付法人税額、その他法14条の9（法定納期限等以前に設定された質権の優先）第2項各号に掲げる地方税の額の算出のために必要な事項
- その他条例で定める事項

　自動車の車検を受ける際には、道路運送車両法第97条の2第1項の規定により、自動車税種別割に滞納がないことを証明する納税証明書の提示が必要となっています。平成27年4月から、国土交通省運輸支局等のシステム（MOTAS）と都道府県のシステム（OSS）を連携させること（自動車税納付確認システム（JNKS）によって、自動車税種別割に滞納がないという確認を電子的に行っており、原則として納税証明書の発行が不要となっています。また、軽自動車（二輪車を除く。）の車検についても、軽自動車税種別割の車両ごとの納付情報を、軽自動車検査協会がオンラインで確認できる「軽JNKS」が令和5年1月から運用を開始しており、自動車税と同様に原則として納税証明書の発行が不要となりました。

（2）会計年度の出納整理期間開始（4月1日～5月31日）

　一般的に、自治体の会計年度は、毎年4月1日から翌年3月31日までですが、歳入に関して、税の滞納整理部門では、翌年5月31日まで滞納整理を行うことになります。この4月1日から5月31日までを「出納整理期間」といいますが、これは年度経過後から地方公共団体の収入・支出の出納に関する事務を整理して、最終的に確定させる期限までの期間をいいます。出納に関する事務について

は、翌年度の5月31日をもって閉鎖するものとされており（地自法235条の5）、ある年度で調定された「現年度課税に係る滞納分」及び「過年度での課税に係る滞納分」については、翌年5月31日まで、滞納整理（収入・停止・不納欠損）を行うことができます。ただし、滞納整理収入については、出納整理期間内に徴収金を計上できる日程については、指定金融機関によって異なります。

　この前会計年度の収入に係る滞納整理事務は、納税のしょうよう（注：勧めること）・催告の外、財産の差押、破産法人等納付困難事案の滞納処分の停止、あるいは、停止事案で3年間の時効を待たずして、不納欠損する、といった処理をしていくことで、前年度分の最後の整理収入確保を図っていくと同時に、滞納繰越分を滞納額、滞納件数等とも減らして、次年度の効率的な滞納整理促進につながる仕事をしなければなりません。

　なお、ここでいう「不納欠損」とは、納税義務者が死亡・居所不明のケースをはじめ、換価すべき財産がなく、滞納処分停止をしても資力の回復が望めないもの、あるいは、資産に乏しく、有効な徴収手段を執り得ないものについて、調定された金額を消滅させることをいいます。滞納処分の停止をした場合、徴収金を徴収することが明らかでないときは、地方団体の長がその徴収金の納付・納入義務を直ちに消滅させることができます（地税法15条の7⑤）。

（3）新担当者の滞納引継事案の読み込み

　徴収部門に新たに配属された職員は、担当する滞納事案について、これまでどういう経過で滞納になったのか、その交渉過程や、分割納付や財産・所得・経営・債務状況等、個々の事案を「読み込み」しなければ、次のステップ（分割額の上乗せ・猶予・差押・停止等）に進むことができません。出納整理期間は、年度最後の税収確保の期間であり、同時に、長期滞納累積事案解消に向けた方策を練るための期間でもありますので、しっかりと事案を読み込んでい

くことが大事になります。

4　各税目（部門）初任者研修

　税担当課に新たに配属された新規採用者や転入者については、それぞれ配属された部門に応じて、税務の入門的又は専門的な研修を受けることになります。特に市区町村の地方税務職員の場合、未経験者が、配属されてすぐに固定資産税の縦覧や証明書の発行、納税者等からの電話・窓口での各種問い合わせ、固定資産税・個人住民税の5月又は6月納税通知書発付に向けた課税事務、あるいは月末の法人住民税等の申告受付事務など、多忙な第1四半期を迎えることになります。このような中で、研修を行うことはそれぞれの現場で一苦労があると思いますが、専門的な税務事務の習得に向けて研修は大事ですので、様々な工夫を凝らしながら人材育成を図っていくことが必要となります。

　研修主体については、自治体の規模によって違いますが、まず、配属された部門内での研修やOJTが中心となるでしょう。次に都道府県等で広域的に開催する税務研修に参加していくこともあります。これは、ある程度、仕事を覚えてから、研修を受講していくことが効果的だと思われます。

　全国広域的な研修主体については、次のようなものがあります。

(1) 地方税共同機構によるもの
・eLTAX 研修：地方団体の eLTAX の利用率向上を推進するため、地方団体の給与事務担当者を対象とした、PCdesk を用いた給与支払報告書データの取扱いや地方税共通納税システムに係る操作研修等
・情報セキュリティ研修：地方団体の関係職員に対する情報セキュリティ研修
・税務研修：地方団体の税務事務の現場を支える職員を対象に専門

知識の習得及び実務処理能力の向上を目的とした各種研修（Web開催への変更等も）で、直税課税（法人二税）研修、軽油引取税調査事務研修、市区町村研修、特別研修（滞納整理事務務管理監督者向けセミナー）

（2）（一財）地方財務協会によるもの

- 市町村税研修会（インターネット配信）：地方団体の市町村税担当職員を対象に、市町村税制度に関する基本的な理解を深めるとともに、現在の市町村税制全般が抱える諸課題などを把握することを目的として開催

（3）市町村アカデミー（（公財）全国市町村研修財団の運営）によるもの

1年以上の実務経験を有する市区町村職員を対象に次のような研修を行っています。

- 住民税課税事務：所得課税の理論、地方税法（総則及び住民税）、個人住民税の税額算出、税に関する情報の開示とプライバシーの保護等に関する講義、演習等により、住民税課税事務に必要な専門的知識の習得と実務遂行能力の向上を目指す。
- 固定資産税課税事務（土地）（家屋）：資産課税の理論、土地（家屋）評価実務等に関する講義、演習等により、固定資産税土地（家屋）課税事務に必要な専門的知識の習得と実務遂行能力の向上を目指す。
- 市町村税徴収事務：地方税法（総則）、国税徴収法、財産の調査及び差押え等の実務、納税者折衝、滞納整理等に関する講義、演習等により、市町村税徴収事務に必要な専門的知識の習得と実務遂行能力の向上を目指す。

なお、この外に、全国的な研修として、総務省自治大学校において、税務職員を対象として、「税務専門課程 税務・徴収コース」

（地方税の賦課・徴収事務に関する高度・実践的な研修）であると、「税務専門課程 会計コース」（簿記・会計学に関する高度・専門的な研修）を実施しています。

(4)（公財）東京税務協会によるもの

　東京都・特別区・都内市町村によって設立された（公財）東京税務協会においては、全国自治体職員に向けた Web 講義を実施しています。

5　広報依頼（市区町村報、納税協力団体等）

　地方税分野においては、固定資産税・個人住民税・自動車税・軽自動車税等、第一四半期の4月～6月の時期に第一期等の納期限が設定されていることが多く、この時期についての広報は、納期内納税を推進する為には大事な取組みとなります。

　まず、各自治体の広報紙等については、前年度において今年度の広報紙に掲載する事項の計画が定まっていることが多いですが、4月以降はそれらの方針に従って、各納期限等に係る税務広報記事を誤りなく、着実に掲載していくこととなります。

　次に、納税協力団体（納税貯蓄組合連合会、青色申告会、法人会、税理士会支部、間税会等）において、各団体の媒体に広報記事を掲載する場合も、時宜に沿った広報記事を掲載していくことになります。

市町村税関係

1　個人住民税

(1)　3月分特別徴収税額の納入（4月10日まで）

　個人住民税において、特別徴収義務者として指定を受けた者は、

月割額を毎月給与の支払いをする際、徴収して翌月 10 日までに市町村に納入しなければならない（地税法 321 条の 5 ①）とされていますので、特別徴収義務者は、3 月分の特別徴収税額を指定金融機関等に 4 月 10 日までに支払うことになります。

（2）給与支払報告書に係る給与所得者異動提出書の提出（4 月 15 日まで）

　給与支払報告書については、給与所得に係る源泉徴収義務がある者は、1 月 31 日までに給与支払いを受けている者の 1 月 1 日現在における住所地所在地の市町村長に提出しなければならないこととされています（地税法 317 条の 6 ①）。この給与支払報告書の提出後、給与所得者が退職等によって 4 月 1 日現在で給与の支払いを受けなくなった者がある場合は、4 月 15 日までに総務省令で定める様式による異動届出書を市町村長に提出しなければならないとされています（地税法 317 条の 6 ②、地税法規則 10 条①等）。

（3）定期課税事務（普通徴収に係る国税連携・閲覧分及び特別徴収分）

　6 月の定期課税に向けて、国税連携分及び税務署での閲覧分及び特別徴収分について、精査しながら入力作業をしていくことになります。

2　固定資産税・都市計画税
（1）縦覧への対応（4 月 1 日〜第 1 期納期限まで）

　4 月からは、固定資産税の縦覧が始まります。この「縦覧」とは元々『思うがままにみること』という意味で、行政用語としては、土地収用法の事業認定申請に係る縦覧や都市計画案に対する縦覧、などといった場合に使われていますが、固定資産税の場合は、納税者が所有する土地・家屋の価格と区内にある他の土地・家屋の価格

を比較し、本人の土地や家屋に関する評価が適正かどうかを確認できるようにするため、土地価格等縦覧帳簿及び家屋価格等縦覧帳簿（以下「縦覧帳簿」という。）をみることのできる制度です。

　この縦覧制度は、固定資産税の価格等の決定から審査申出に至るまでの一連のプロセスの中で位置づけられますが、かつての地方税法では、この縦覧できる人が「関係者」に限定され、この「関係者」の範囲にどのような人が含まれるか、ということが裁判で争われたこともありました。こういったい経緯を経て、平成14年度に縦覧制度が大幅に改正され、現行の縦覧制度（縦覧帳簿の確認）となったものです。

　縦覧制度は、毎年行われる固定資産の価格等の決定の流れの中で位置づけられるものですが、まず、価格決定等の流れを説明すると、次のようになります。

① 　市町村長は、固定資産評価員から評価調書を受理した場合においては、これに基づいて固定資産の価格等を毎年3月31日までに決定しなければなりません（地税法410条①）。

　　そして、市町村長は、固定資産の価格等を決定した場合においては、遅滞なく、地域ごとの宅地の標準的な価格（路線価及び標準宅地）を記載した書面を一般の閲覧に供しなければなりません（地税法410条②）。

② 　市町村長は、固定資産の価格等を決定した場合においては、直ちにその価格等を固定資産課税台帳に登録しなければなりません（地税法411条①）。市町村長は、固定資産課税台帳に登録すべき固定資産の価格等のすべてを登録したときは、その旨を公示しなければならないことになります（地税法411条②）。ただし、土地及び家屋については、3年に1度の「評価替え」制度があることから、基準年度の土地又は家屋に対し基準年度の価格をもって第二年度・第三年度の固定資産税の課税標準とする場合には、価格の変動はないのであるから、毎年度同一の価格を繰り返し登録

する必要はありません（地税法411条③）。

③　市町村長は、毎年3月31日までに、土地価格等縦覧帳簿及び家屋価格等縦覧帳簿を作成し、毎年4月1日から、4月20日又は当該年度の最初の納期限の日のいずれか遅い日以後の日までの間、土地価格等縦覧帳簿を当該市町村内に所在する土地に対して課する固定資産税の納税者の縦覧に、家屋価格等縦覧帳簿を当該市町村内に所在する家屋に対して課する固定資産税の納税者の縦覧に供しなければなりません。この縦覧の場所及び期間を市町村長はあらかじめ公示しなければならないものとされています（地税法415条、416条）。縦覧帳簿に記載しなければならない内容は次のとおりです。

ア　土地価格等縦覧帳簿　　　所在、地番、地目、地積、価格
イ　家屋価格等縦覧帳簿　　　所在、家屋番号、種類、構造、床面積、価格

　この縦覧については、始期が「4月1日」とされていますが、これは、縦覧帳簿の作成が3月31日までに行われることにかんがみ、縦覧帳簿の作成後、すみやかに納税者に開示することが必要だからです。また、終期については、多くの納税者は、納税通知書が送られてきて初めて自分に対する固定資産税の課税内容を知ると考えられます。そこで、最初の納期限までには縦覧期間を設ける必要があり、また、縦覧期間が20日以上確保する必要がありますので、「4月20日又は当該年度の最初の納期限の日のいずれか遅い日以後の日までの間」を縦覧期間の終期としています。縦覧の日、時間は「土曜日、日曜日、休日を除く平日の午前8時30分から午後5時まで」とする場合が多くなります。

④　縦覧等の結果をみて、固定資産税の納税者は、当該年度の固定資産課税台帳に登録された価格について不服がある場合、縦覧の公示の日から納税通知書の交付を受けた日後3か月を経過する日までの間等において、文書によって、地方税法によって各市町村

に設置される「固定資産評価審査委員会」に審査の申出をすることができます。この「審査の申出」は原則として基準年度以外はできませんが、第2・第3年度でおいても、例えば、家屋の新築によって新しく評価した場合や、土地の分合筆等によって「評価替え」を行った場合の価格については、「審査の申出」ができます（地税法432条、423条等）。この「審査の申出」については「価格」についての不服申し立てですので、固定資産の価格以外の事項（課税標準額や税額等）について不服がある場合は、納税通知書の交付を受けた日の翌日から起算して3か月以内に市町村長に対し、行政不服審査法の手続に従って、文書により審査請求をすることになります（地税法19条）。窓口担当者は、納税者等から「審査の申出」書の提出を受けた場合は、「弁明書」の作成等審査の申出の事務を行うことになります。

(2) 閲覧に供する場合

なお、縦覧以外に、市町村長は、納税義務者その他の者（借地借家人等）の求めに応じ、固定資産課税台帳のうち、これらの者に関する固定資産について記載されている部分を閲覧に供しなければならない、とされています（地税法382条の2）。また、市町村長は、政令で定める者（納税義務者・借地借家人等）の請求があったときは、固定資産課税台帳に記載された事項のうち政令で定めるものについての証明書を交付しなければならないとされています（地税法382条の3）。

また、固定資産税の定期課税が4月の場合、第1期分（4月納期の場合）の納付が4月末日）定期課税事務になります。固定資産の価格等の概要調書等報告書の公表も4月に行われます。通年の事務としては、新規分家屋評価事務、分合筆に係る土地評価事務があります。

証明書の交付対象

証明書の交付を求めることができる者	対象固定資産	証明事項
固定資産税の納税義務者	当該納税義務に係る固定資産	地税法に規定するすべての登録事項
土地について賃借権その他の使用又は収益を目的とする権利（対価が支払われるものに限る。）を有する者	当該権利の目的である土地	地税法に規定するすべての登録事項
家屋について賃借権その他の使用又は収益を目的とする権利（対価が支払われるものに限る。）を有する者	当該権利の目的である家屋及びその敷地である土地	地税法に規定するすべての登録事項
固定資産の処分をする権利を有する一定の者（地税法規則第12条の5に該当する者）	当該権利の目的である固定資産	地税法に規定するすべての登録事項
民事訴訟費等に関する法律別表1の1の項から7の項まで、10の項、11の2の項ロ、13の項及び14の項の上欄に掲げる申立てをしようとする者	当該申立ての目的である固定資産	地税法381条1項から5項までに規定する登録事項

3　軽自動車税（種別割）

　軽自動車税（種別割）については、4月1日を賦課期日とし、市町村の条例によって定期課税を4月にしている場合は4月10日頃に納税通知書送付し、4月末日が納期限になります。

4　法人市町村民税

　均等割のみの公共法人等の申告納付が4月末日となります。なお、条例により当該法人について「課税免除」「減免」をする場合には、当該法人から必要書類の提出を行うことになります。

5　事業所税

　2月決算法人の申告及び納付が4月末日となります。

6　鉱産税・入湯税

　鉱産税・入湯税については、3月分を条例で定める納期限（例：4月末日）までに申告納付することになります。

都道府県税関係

1 自動車税（種別割・環境性能割）

　自動車種別割の賦課期日が4月1日となっており、当該賦課期日において所有する納税義務者に主たる定置場所在の都道府県が課税することになります。

　自動車税環境性能割については、自動車取得時に申告納付（新規登録車は新規登録時）することになります。

2 不動産取得税

　不動産取得税については、条例に定めるところにより、課税・納付及び取得の申告等が行われますが、実務的には毎月ごとに納税通知書を発送し、月末までに納付する仕組みとなっています。この課税について、納税義務者が不服がある場合は審査請求の対象となりますので、上級庁（知事）に審査請求が提出された場合は課税庁としての弁明書等の作成を行うことになります。

　なお、不動産取得税については、非課税項目の外、住宅政策上の観点から減額等されていることが多く、税額の減額及び還付、納税義務の免除・猶予、減免事務等も経常的に発生します。

3 鉱区税

　鉱区税については賦課期日が4月1日となっており、賦課期日後に納税義務が発生した者には、その発生した月の翌月から、月割で鉱区税を課し、賦課期日後に納税義務が消滅した者には、その消滅した月まで、月割で鉱区税を課する、とされています（地税法183条）。

4 軽油引取税

軽油引取税の特別徴収義務者については、まだ軽油引取税が課税されていない軽油の引取を行った（販売した）際に、1月分の合計について、引取があった月の翌月末（申告期限）までに軽油引取税を申告納入していただくこととなります。この場合、その軽油代金が未収・売掛金であり、その税額相当額について、担保提供がある場合は、申請により2か月以内の期間、徴収猶予することができます（地税法第144条の29）。

この担保の提供にあたっては、約束手形等でなされることがほとんどと思われますので、担当者は手形法に係る実務について承知しておく必要があります。

5 道府県民税（利子割・配当割・株式等譲渡所得割）

道府県民税（利子割・配当割・株式等譲渡所得割）については、前月分を次の月の10日までに申告納入することになります。

6 ゴルフ場利用税

ゴルフ場利用税については、条例で定める日（月末）までに前月分を申告納付することになります。

5月の業務

4月

5月

6月

7月

8月

9月

10月

11月

12月

1月

2月

3月

May

5月　スケジュール

月	日	共通項目				
		税制関係	法人二税	諸税	徴収関係	
5	1				◆納税証明	
	2				書の発行	
	3				（通年）	
	4					
	5					
	6					
	7					
	8					
	9					
	10					
	11					
	12					
	13					
	14	◎議会・5月				
	15	定例会又				
	16	は臨時会		指定金融機関等の納付最終		
	17	（専決条例		（調定年度）最終反映		
	18	の報告・				
	19	承認等）				
	20					
	21					
	22					
	23					
	24				◆停止・不納	
	25				欠損処理	
	26				事務	
	27					
	28		◆法人二税申告の最繁忙期			
	29					
	30					
	31		●3月決算法人・確定	○地方たばこ税4月分	○出納閉鎖日（5月	
			申告／9月決算法	申告納付（5月末	31日）	
			人・予定中間申告	日）		

62

	市町村税			道府県税		
	住民税	固定資産税	軽自動車税・諸税	事業税住民税	不動産取得税・軽油引取税	自動車税・諸税
1						
2		◆評価証明書等の発行（通年）				
3						
4						
5						
6		◆固定資産税・都市計画税別の納税通知書発付（5月課税の場合）				
7						
8						
9						
10	・4月特別徴収税額納入（5/10まで）・県民税分の県への払込（毎月10日）		◆軽自動車税（種別割）納税通知書発付（5月課税の場合）	◆利子割・配当割前月分を納入（10日まで）		◆自動車税（種別割）納税通知書の発付（5月上旬）
11						
12						
13						
14						
15						
16						
17						
18						
19						
20						
21						
22						
23		◆軽自動車税（種別割）減免申請受付（5月31日まで）			◆自動車税（種別割）減免申請受付（5月31日まで）	
24						
25						
26						○ゴルフ場利用税は条例で定める日までに前月分を申告納付
27						
28						
29						
30						
31	○特別徴収税額の通知（5/31まで）	○固定資産税・都市計画税の第1期納期限及び縦覧期間の最終日（5月課税の場合）	○軽自動車税（種別割）納期限（5月課税の場合）○事業所税（法人）3月決算法人申告◇鉱産税・入湯税4月分納期限（条例で5月末日と規定している場合）		○軽油引取税4月分申告納付（5月末日）○不動産取得税5月課税分納期限	○自動車税（種別割）納期限

◆主な事務

- 議会対応（3月専決処分条例の報告・税制改正法による条例提案・審議等）
- 法人二税及び事業所税申告受付（年度内で件数最多）
- 出納閉鎖期日（5月末）に向けた滞納整理事務
- 個人住民税の特別徴収義務者に対する通知
- 固定資産税の定期課税（5月課税の場合）
- 自動車税定期課税事務

共通的な項目

1 税制関係（議会対応）

　4月の税務事務と同様に、3月に専決処分を行った条例の報告等を第二回定例会で行う場合、5月が専決処分条例の報告・審議の月となります。併せて、年度税制改正法において、当該改正条文の施行日が3月31日以後（例：翌年1月1日施行）であり、地方議会における条例案の審議に余裕がある場合は、5月定例会等において、当該改正事項に係る改正条例案を議会に上程し、審議・議決・施行等の手続きをすることになります。

2 申告受付

(1) 法人二税

　法人二税については、3月決算法人の確定申告及び納付、9月決算法人の中間（予定）申告及び納付を5月末日までに行うことになります。法人二税については、国税庁の統計資料によれば、法人の3月決算法人は全体の約2割に及ぶため、受付件数としてはもっと

も多い月になります。

　また、月初めには 4 月申告法人のシステムへの入力等の作業があり、法人税準拠法人等に係る更正決定処分等の事務もあります。

(2) 道府県・市町村たばこ税

　たばこ税については、4 月分の申告納付を 5 月末日までに行います。

3　徴収関係

　新規発生分及び前年度以前分に係る滞納整理を行いますが、会計年度の出納閉鎖日が 5 月 31 日であるため、この日に向けて前年度以前分の滞納分の取り込みを重視して行います。

　この場合、指定金融機関においては、前年度の納付については概ね中旬の終わり頃が前年度の収入として処理される為、滞納整理収入確保のためには、その期日を目指して、催告・交渉等を行います。月の下旬には、滞納分の停止・欠損処分に向けて必要な調査等を行い、滞納分の「分母」を減らすように努力します。

　ここで、滞納処分の停止の意義ですが、滞納処分の停止とは、一定の要件に該当する場合に、滞納処分すなわち強制徴収の手続を停止するものであり、徴収の猶予、換価の猶予と並んで徴収緩和制度の一つですが、これらの猶予とは異なり、徴収手続の停止であって、納税義務の消滅につながっています。

　滞納処分の停止は、徴税機関の長（地方税では地方公共団体の長又は賦課徴収について長から委任を受けた者）の職権により行われ、納税者からの申請は要件でないばかりでなく、たとえ停止の要件に該当する場合であっても、その停止をするかどうかは、その徴税機関の長の自由裁量と解されています（長崎地裁昭和 30 年 7 月 14 日判決、行集 6 巻 7 号 1671 頁）。これに対し、停止は、自由裁量ではなく、停止の事由があるときは停止をしなければならないと

する見解もありました（釧路地裁昭和36年4月18日判決、行集12巻4号832頁）。いずれにしても、停止処分については、滞納者の状況に照らして、適切に行う必要があります。

　滞納処分の停止の要件としては、「地方団体の長は、滞納者につき次の各号の一に該当する事実があると認めるときは、滞納処分の執行を停止することができる」として、①滞納処分をすることができる財産がないとき、②滞納処分をすることによってその生活を著しく窮迫させるおそれがあるとき、③その所在及び滞納処分をすることができる財産がともに不明であるとき、という3つの要件を掲げています（地税法15条の7①）。この停止処分を行ったとき、地方団体の長は、前項の規定により滞納処分の執行を停止したときは、その旨を滞納者に通知しなければならない、とされており、その停止に係る地方団体の徴収金について差し押えた財産があるときは、その差押を解除しなければならないこととなります。

　滞納処分の停止の効果として、地方団体の長は、滞納者について停止をした場合に、3年間経過すると納税義務が消滅します（地税法15条の7Ⅳ）。また、この場合において、その地方団体の徴収金が限定承認に係るものであるときや、地方団体の徴収金を徴収することができないことが明らかであるときは、地方団体の長は、法第一五条の七第四項の規定にかかわらず、その地方団体の徴収金を納付し、又は納入する義務を直ちに消滅させることができる、と規定されています（地税法15条の7⑤）。これはこのような状況で停止処分のまま3年を経過する日まで待って納税義務を消滅させることは実益がないので、地方団体の長は、その地方団体の徴収金の納税義務を直ちに消滅されることができる、ということになっています。

市町村税関係

1　個人住民税

　4月分特別徴収税額の納入（5月10日まで）があるほか、特別徴収税額の通知（5月31日まで）の事務があります。

　個人住民税の徴収方法については、普通徴収と特別徴収の二つがありますが、このうち、個人住民税を特別徴収の方法によって徴収する場合には、市町村はまず、納税義務者に対して給与の支払をする者のうち所得税法183条の規定によって所得税を源泉徴収して納付する義務がある者を当該市町村の条例によって特別徴収義務者として指定し、特別徴収義務者に個人住民税を徴収させなければならないとされています。

　このように、特別徴収義務者を指定した上で、市町村は毎年5月31日までに、特別徴収税額を特別徴収の方法によって徴収する旨を、特別徴収義務者とこれを経由して納税義務者に通知しなければならないものとされています（地税法321条の4）。この特別徴収税額通知については、給与支払者である企業は、従業員が所在する各市区町村から送付されてくる通知を整理し、毎月の特別徴収税額を管理するために企業内システムへ入力するとともに、従業員に対して紙で交付するという流れですが、特別徴収税額通知（特別徴収義務者用）については、平成28年度から電子送付が可能となっています。

　この税額通知書の様式は、地方税法施行規則2条に示されており（特別徴収義務者用は第3号様式、納税義務者用は第3号様式別表）、地方税法43条の規定において、市町村は、地方税法施行規則第2条に示された様式に準じて税額通知書を作成するものとされています。

2　固定資産税・都市計画税

　固定資産税・都市計画税については、納税通知書を5月に発送し、納期限第1期分が5月5月末日の場合、税額や納付に対する問い合わせ対応や、納税通知書が返戻になった場合の調査等を行います。また、基準年度等において審査申出の申し出期限になりますので、その提出に対する対応等を行います。

3　事業所税

　事業所税については3月決算法人の申告及び納付が5月末日となります。法人二税と同様、3月決算法人は相対的に件数が多いので、この月の申告対応件数も多くなります。

4　鉱産税・入湯税

　鉱産税、入湯税について、4月分を条例で定める納期限を5月末日としている場合は、期日までに申告納付します。

道府県税関係

自動車税（種別割）

　5月は自動車税の定期課税の月であり、5月末日が自動車税（種別割）の納期限となっていますので、5月上旬に納税通知書を納税義務者に発送することとなります。自動車税については、既に所有権移転がなされている場合や廃車されている場合もあり、それらに対する納税者又は納税者の代理人（ディーラー等）からの問い合わせに対応することになります。

　なお、自動車税については、都道府県の条例において「身体障がい者減免」が講じられており、その減免受付も5月を中心になされることになります。

6月の業務

4月

5月

6月

7月

8月

9月

10月

11月

12月

1月

2月

3月

june

6月 スケジュール

月	日	共通項目				
		税制関係	法人二税	諸税	徴収関係	
6	1					
	2					
	3					
	4				◆納税証明書の発行（通年）	
	5					
	6					
	7					
	8					
	9				◆現年度分の滞納整理の実質的なスタート	
	10					
	11					
	12					
	13					
	14					
	15					
	16					
	17					
	18					
	19					
	20					
	21					
	22					
	23					
	24					
	25					
	26					
	27					
	28					
	29					
	30		●４月決算法人・確定申告／10月決算法人・予定中間申告	○地方たばこ税５月分申告納付（６月末日）		

	市町村税			道府県税		
	住民税	固定資産税	軽自動車税・諸税	事業税 住民税	不動産取得税・軽油引取税	自動車税・諸税
1						
2	◆評価証明書等の発行					
3	（通年）					
4						
5						
6	◆個人住民税（普通徴収）の					
7	納税通知書発付					
8						
9						
10	・5月特別徴収税額納入（6/10まで）・県民税分の県への払込（毎月10日）			◆利子割・配当割前月分を納入（10日まで）		
11						
12			◆軽自動車税納税通知書発付（6月課税）			
13						
14						
15						
16						
17						
18						
19						
20						
21						
22						
23						
24					◆不動産取得税課税事務本格化	
25						
26						
27						
28						
29						
30	○個人住民税（普通徴収）第1期納期限（5月31日）	○固定資産税・都市計画税の第1期納期限及び縦覧期間の最終日（6月課税の場合）	○軽自動車税納期限（6月課税の場合）○事業所税（法人）4月決算法人申告◇鉱産税・入湯税5月分納期限（条例で6月末日と規定している場合）	○法人事業税・大法人（決算1月延長法人）の確定申告繁忙期	○軽油引取税5月分申告納付（6月末日）○不動産取得税6月課税分納期限	○ゴルフ場利用税は条例で定める日までに前月分を申告納付

◆主な事務

- 議会対応（3月専決処分条例の報告・税制改正法による条例提案・審議等）
- 法人二税申告受付（大法人については年度内で件数最多）
- 個人住民税定期課税事務
- 固定資産税定期課税事務（6月課税の場合）

共通的な項目

1　税制関係（議会対応）

　4月及び5月の税務事務と同様に、3月に専決処分を行った条例の報告等を第二回定例会で行う場合、6月に専決処分条例の報告・審議及び年度税制改正法による条例改正案を議会に上程し、審議・議決・施行等の手続きをすることになります。

2　申告受付

（1）法人二税（住民税・事業税）

　10月決算法人の中間（予定）申告及び納付、4月決算法人の確定申告及び納付が6月末日であるため、これらの申告書を受け付けることになります。また、3月決算法人のうち、大法人については、会計監査人の監査やその他これに類する理由により決算が確定しないため、法人税の確定申告書を提出期限までに提出できない状況にあると認められる場合で、その法人の申請に基づき、税務署長が延長を認めたときに確定申告書の申告の延長が1か月認められる場合がありますが、資本金1億円を超える大法人については、全体の半分程度になるため、6月の申告数は多くなります。

また、法人事業税の外形標準課税（付加価値割及び資本割）に関しては申告書の種類も増えることになります。

　なお、申告延長の申請については「法人等異動届出書」等の様式や税務署の受付印が押印された「申告期限の延長の特例の申請書」の写し等を添付して提出する必要があります。この場合の申告延長については、申告書の提出期限が延長になっても納期限は延長されないため、延滞金の計算は法定納期限の翌日からはじまることになるので、申告書延長の特例適用を受ける法人は、確定税額と予想される額を本来の申告期限（3月決算法人の場合は5月末）に見込納付する例が多くなっています。

(2) 道府県・市町村たばこ税

　たばこ税については、5月分の申告納付を6月末日までに行います。

3　徴収関係

　決算関係事務を処理するほか、前年度の滞納整理実績等を検討して、新年度の滞納整理計画の策定を行います。

　また、新年度分の滞納分について、督促、催告事務を行います。

市町村税関係

1　個人住民税

　5月分特別徴収税額の納入（6月10日まで）のほか、普通徴収に係る納税通知書送付及び第1期分納付（6月末日）となります。

　また、個人県民税の税収見込みを県に提出することになります。

2　固定資産税・都市計画税

　固定資産税等について第1期分を6月納期の場合にしている場合（東京都（東京特別区内））については、納税通知書を送付するとともに、第1期の納付期限及び審査申出の最終提出期日となります。

3　事業所税

　事業所税について、4月決算法人の申告及び納付が6月末日となります。

4　鉱産税・入湯税

　鉱産税・入湯税について、5月分について条例で定める納期限（例：6月末日）までに申告納付することになります。

道府県税関係

1　不動産取得税

　登記所等のデータ搬出や登記所での調査が本格化される場合、不動産取得税についての課税・減額処理等も本格化することになります。前所有者から不動産（土地・建物）を承継取得している承継分については、原則として、法務局の不動産登記申請書から資料収集することになります。

2　軽油引取税

　軽油引取税については5月分を6月末日までに申告納入又は申告納付することになります。

固定資産税の税率と名称

　固定資産税の標準税率は「1.4％」とされていますが、そもそもこの税率はどのように決まったのでしょうか。

　これについては、かつて、国会での質問主意書の中で政府から次のような回答がされたことがありました。すなわち、昭和24年の「シャウプ勧告」においては、市町村の財源として「不動産税」（固定資産税）において一定の税収を確保する必要があったので、その税率を1.75％とすることとされていたところ、その後の政府内での検討や国会における法案の修正を経て、昭和25年度の固定資産税の創設時には同税の税率は、1.6％の一定税率とされ、昭和26年度以降はこの税率が標準税率とされた、ということです。その後、昭和29年度に都道府県が課する不動産取得税が創設された際に、国民の税負担を調整する観点から、固定資産税の標準税率を1.4％に引き下げることとなり、それが市町村に定着している、というような回答でした（「衆議院議員松野頼久君提出固定資産税に関する質問に対する答弁書」（平成14年8月27日付け内閣衆質154第170号）。つまり、当時の地方財政の窮乏化に対応するため、税収確保にどの程度必要か、資産価格等から見積もって税率が設定されたのが、固定資産税の税率、ということになります。

　また、「固定資産税」という名称については、当時の連合軍総司令部の担当が「財産税」という名称に固執したのに対し、地方自治庁（現在の総務省）では「財産税」では戦後直後の財産収奪税を連想させるので、「固定資産税」を主張したそうです。結局、日本語では「固定資産税」と呼ぶことにし、総司令部では「property tax」を使用することで折れた、と、当時、地方自治庁財政課長兼調査課長であった奥野誠亮・元国土庁長官が神野直彦・東大名誉教授との対談で語っています。

第 2 章

第 2 四半期の
税務事務

(7月〜9月)

第2四半期の税務については、市町村税では国民健康保険税の賦課の通知、道府県税では個人事業税の定期課税があります。また、課税部門では課税客体の把握の為の調査事務が、徴収部門では滞納整理が本格的に始まる時期となります。本格的な業務に入る一方で、研修等を通じて、税務知識のブラッシュ・アップを図ることも大事になるでしょう。

7月の業務

July

7月　スケジュール

月	日	共通項目				
		税制関係	法人二税	諸税	徴収関係	
7	1					
	2					
	3				◆納税証明書の発行（通年）	
	4					
	5					
	6					
	7					
	8					
	9					
	10					
	11					
	12					
	13					
	14					
	15					
	16					
	17					
	18					
	19					
	20					
	21					
	22					
	23					
	24					
	25					
	26					
	27					
	28					
	29					
	30					
	31		●5月決算法人・確定申告／11月決算法人・予定中間申告（7月末日）	○地方たばこ税6月分申告納付（7月末日）		

	市町村税			道府県税		
	住民税	固定資産税	軽自動車税・諸税	事業税住民税	不動産取得税・軽油引取税	自動車税・諸税
1		◆評価証明書等の発行（通年）			◆不動産取得税課税事務本格化（通年）	
2						
3						
4						
5		◆納税通知書返戻分調査				
6						
7						
8						
9						
10	・6月特別徴収税額納入（7/10まで）・県民税分の県への払込（毎月10日）		◆国民健康保険税納税通知書発付（9回納期限の場合）	◆利子割・配当割前月分を納入（10日まで）		
11						
12						
13						
14						
15						
16		◆審査申出弁明書策定等				
17						
18						
19						
20						
21						
22						
23						
24						
25						
26						
27						
28						
29						
30						
31		○固定資産税・都市計画税の第2期納期限（7月31日）	○事業所税（法人）5月決算法人申告（7月末日）◇鉱産税・入湯税6月分納期限（条例で7月末日と規定している場合）□国民健康保険税第1期納期限（7月末日）		○軽油引取税6月分申告納付（7月末日）○不動産取得税7月課税分納期限（7月末日）	○ゴルフ場利用税は条例で定める日までに前月分を申告納付

◆主な事務
- 法人二税等申告受付
- 滞納計画策定等、徴収事務の本格化
- 国民健康保険税の通知送付（7月通知の場合）

共通的な項目

1　税制等関係

　「市町村税課税状況等の調」が公表されます。また、県市町村担当課から市町村に対して各税分野等についてヒアリング等が入る場合もあります。

2　申告関係

(1) 法人二税

　法人二税については5月決算法人の確定申告及び納付、11月決算法人の中間（予定）申告及び納付が7月末日となっています。

(2) 道府県・市町村たばこ税

　たばこ税については6月分の申告納付が7月末日となっています。

3　徴収関係

　徴収関係においては、今年度滞納整理計画の策定のほか、督促・催告業務を経て、各住居又は事業所等を一軒ずつまわる臨戸による現地調査、庁内公簿や他官庁又は金融機関等に対する財産調査を踏まえた差押等の滞納整理事務を本格化していく時期となります。

また、5月末に納期限を迎えた自動車税種別割については、未納分について督促状等が発送されて、なお、未納となっているものについて、催告（文書・電話・臨戸等）、財産調査後、必要に応じて差押等の滞納処分を行います。

　この差押について、自動車に特有のものとして、「登録を受けた自動車の差押え」があります。ここでいう「登録を受けた自動車」とは、軽自動車、小型特殊自動車及び二輪の小型自動車以外の自動車で、道路運送車両法の規定により、国土交通大臣が管理する自動車登録ファイルに登録を受けたもの（自動車抵当法第2条ただし書に規定する大型特殊自動車で、建設機械抵当法第2条に規定する建設機械であるものを除く）とされています。処分庁の長は、自動車を差し押さえたときはその自動車の使用の本拠の所在地を管轄する運輸支局等に、それぞれ差押えの登記を嘱託しなければならない（徴収法71条①等）、とされています。この場合、当該自動車に係る国税徴収法上の「監守保存処分」については、いわゆる「タイヤロック」「ミラーズロック」という形で行われます。

市町村税関係

1　個人住民税

　個人住民税については6月分特別徴収税額の納入が7月10日までとなっています。

　この住民税や固定資産税等の納税通知書・督促状等の送付については、通常の取扱いによる普通郵便又は親書便により書類を発送した場合は、通常到達すべきであった時に送達があったものと推定され（地税法20条④）、課税庁に返戻がない場合は、送付先に送達されたものとされます。

　納税通知書等について、返戻となった場合はその住所地等の調査

を行います。この返戻調査によっても送付先が確認できない場合は、公示送達の手続きを行います。公示送達により課税庁の掲示場に掲示された書類は、掲示から7日を経過した日に送達されたものとみなされます。

　返戻調査については、机上調査（住民基本台帳異動調査、インターネットの検索による調査、他自治体に対する戸籍照会及び住民票照会等）を中心に、必要に応じて現地調査（納税義務者の住所又は所有物件の調査）を行います。また、法務局調査（登記申請書の添付書類の閲覧、法人登記照会）や、質問検査権により、納税義務者の関係者（不動産であれば、司法書士や仲介業者、管理会社等）に対する聞き取り調査等を行います（地税法298条、353条）。

2　固定資産税・都市計画税

　固定資産税等については7月納期の場合、第2期分の納期限が7月末日となります。

　縦覧以後に価格に不服のある納税義務者から提出された「審査の申出」について、市町村固定資産評価審査委員会において、審査の申出に係る事案に係る調査や審議があり、弁明書の提出等の委員会対応事務があります。

　なお、毎年7月1日に相続税路線価が国税庁より公表されます。この路線価については、地価公示価格に対する割合が相続税8割、固定資産税7割とされているため、基準年度に向けた評価替えの準備事務において調整業務が入るほか、第二年度・第三年度における価格下落修正の参考として、路線価の状況については注視いくこととなります。

　なお、国税当局と地方自治体間の相続税評価額と固定資産税の評価額に係る相互協力と情報交換については、「財産評価額（相続税評価額）と固定資産税評価額の適正化を推進し均衡を確保するための了解事項について」（平成7年5月25日付け自治評第17号　自

治省税務局資産評価室長通知）というものがあります。これによれば、①国税局及び税務署と都道府県及び市町村における各レベルでの連絡・調整のための会議の設置・開催、②時機を得た効果的な協議等を行うため、双方の評価事務スケジュールの事前連絡、③標準地の選定状況、鑑定価格、売買実例等の評価上有用な資料情報の相互交換と有効活用の促進、④相続税評価額と固定資産税評価額の不均衡地域の現地確認と原因究明及び是正、⑤鑑定価格と公示価格の均衡及び鑑定価格相互間の均衡確保の検討と、不動産鑑定士等からの意見聴取などによる鑑定価格の適切な活用、⑥都市計画等の土地の利用規制、利用実態等に基づいた地区区分の的確な判定、⑦地域の地価事情に基づいた固定資産税評価における状況類似地区の適切な区分と、地域の地価事情及び固定資産税評価額に基づいた財産評価における倍率地域の適切な区分、⑧標準地の評価額及び路線価等について、全体的な均衡についての検討（権衡査案）の実施。特に、税務署及び市町村の境界地域の均衡の確保については、関係税務署間又は市町村間で十分に検討、⑨必要な連絡・調整の実施──などが示されています。

3　事業所税

　事業所税については、5月決算法人の申告及び納付が7月末日となっています。

　事業所税には、資産割と従業者割があります。資産割は、年度末時点の事業所床面積が1,000㎡を超えるものが対象になります。事務所・店舗・工場・倉庫や、これらに附属する材料置場・作業場・ガレージ・無人倉庫など継続して事業遂行する目的の施設が事業所になります。また、創設の経緯から非課税となる範囲も多く、調査にあたっては、これらの非課税面積について、留意します。従業者割は年度末時点の従業者数が100人を超えるものが対象になります。従業者の範囲には役員や正社員などであり、無給の役員、労働

時間が正規従業者の4分の3以下のパートタイマー、派遣法に基づく派遣社員等は除かれます。

4 鉱産税・入湯税

鉱産税・入湯税については、6月分を条例で定める納期限（例：7月末日）までに申告納付することとされています。

このうち、鉱産税については、納税義務者は、毎月10日から同月末日までの間の市町村の条例でさだめる納期において、前月の1日から同月末日までの期間内において掘採した鉱物（鉱業法3条）について、課税標準額、税額その他必要な事項を記載した申告書を提出し、その申告した税金を納付することとなります（地税法521条、522条）。

※鉱業法3条の内容

「鉱物」とは、金鉱、銀鉱、銅鉱、鉛鉱、そう鉛鉱、すず鉱、アンチモニー鉱、亜鉛鉱、鉄鉱、硫化鉄鉱、クローム鉄鉱、マンガン鉱、タングステン鉱、モリブデン鉱、ひ鉱、ニッケル鉱、コバルト鉱、ウラン鉱、トリウム鉱、りん鉱、黒鉛、石炭、亜炭、石油、アスフアルト、可燃性天然ガス、硫黄、石こう、重晶石、明ばん石、ほたる石、石綿、石灰石、ドロマイト、けい石、長石、ろう石、滑石、耐火粘土（ゼーゲルコーン番号31以上の耐火度を有するものに限る）及び砂鉱（砂金、砂鉄、砂すずその他ちゆう積鉱床をなす金属鉱をいう）をいう。この場合の鉱物の廃鉱又は鉱さいであって、土地と附合しているものは、鉱物とみなす。

また、入湯税については、「鉱泉浴場」での入湯行為に課税されますが、ここでいう「鉱泉」とは、

「地中から湧出する温水及び鉱水の泉水で、①泉温が源泉周囲の年平均気温より常に著しく高いもの（源泉から採取されるときの温度が設置25度以上のもの）、又は②基準以上の多量の固形物質、ま

たはガス状物質、もしくは特殊な物質を含むもの」
であり（温泉法2条別表）、原則として「鉱泉浴場」とは、「温泉法
にいう鉱泉を利用する浴場」となります。ただし、温泉法の温泉に
類するもので、鉱泉を利用する浴場等、社会通念上、鉱泉浴場とし
て認識されるものも入湯税の課税対象に含まれます。この入湯行
為、すなわち入浴に対し課税され、鉱泉浴場の利用者である入湯客
が入湯税を納める納税義務者となります。通常、入湯客が支払う温
泉施設の入場料や宿泊料と一緒に、鉱泉浴場の経営者等（市町村長
が指定した特別徴収義務者）に支払います。指定された特別徴収義
務者は、利用者から施設利用の料金とともに徴収し、その徴収した
税を市町村の条例で定める納期限（例：「毎月月末」又は「毎月25
日」「毎月10日」）までに、前月1日から同月末日までの入湯客数、
入湯税額、免除した客数等を記載した納入申告書を提出し、申告納
入します。

5 国民健康保険税

　国民健康保険税については、今年度税額の被保険者への納税通知
が7月になる場合は、第1期納期が7月末日になります（7月通知
9回納期の場合）。また、通知が6月になる場合や、納期の回数が8
回等になる場合など、納税通知書を送付する時期と納期の回数は市
町村の選択となります。

　国民健康保険は、保険料（税）と保険給付との相対的な対価関係
を基本としつつ、被用者以外の国民に対する医療保障を確保する制
度とされ、この負担は、本来、医療保険の保険料としての性格を持
つものですが、市町村の選択により、保険「料」の形式を採る以外
に、徴収上の便宜として保険「税」の形式を採ることが認められて
います。

　国民健康保険税の課税額は、基礎課税額、後期高齢者支援金等課
税額及び介護納付金課税額の合算額ですが、市町村の選択により

「所得割」「資産割」「被保険者均等割」「世帯別平等割」を組み合わせして、課税することができることとなっています。

道府県税関係

1　不動産取得税

　不動産取得税は、不動産を取得した者が取得の事実について申告を行い、当該申告に係る不動産については市町村又は都道府県（東京特別区においては都）が評価を実施し、決定された固定資産評価額に基づいて課税されます。課税の基礎となる金額は実際の不動産購入価格等ではなく、承継取得の場合は市町村の固定資産課税台帳に登録されている価格であり、原始取得の場合は、市町村や都道府県が調査をし、固定資産評価基準により評価し、算出した価格になります。新築家屋の場合は、おおむね大規模家屋については県や政令市が、小規模家屋については市町村が評価を行う場合がありますが、このような場合に、県として年間どの程度の大規模家屋が評価できるか、計画立てて評価事務を行っていく必要があります。

2　軽油引取税

　軽油引取税については、6月分の申告納入又は申告納付が7月末日になります。

3　ゴルフ場利用税

　ゴルフ場利用税については、条例で定める日（例「月末」「15日」）までに前月分を申告納付することになります（以下同じ）。

　なお、ゴルフ場利用税の意義について問い合わせを受けた場合は、次のコラムでの総務省ホームページの説明が一つの参考になろうかと思われます。

ゴルフ場利用税（の意義）

　アメリカ合衆国ジョージア州オーガスタ。この地名を聞くと、ゴルフのマスターズ・トーナメントを連想する人が多いのではないでしょうか。2021（令和3）年大会では、松山英樹選手が日本人として初めてグリーンジャケットを手にしたことで、日本中に大きな感動をもたらしました。ゴルフといえば、2016（平成28）年からオリンピックの正式種目にも加えられ、今では全世代で楽しまれているスポーツになりました。ゴルフを楽しむことは健康寿命の増進に一役買う一方で、山林原野を切り開いて広大なフィールドを確保するゴルフ場の維持管理には、アクセス道路の整備や地滑り対策等、多大な行政コストがかかっています。そこでゴルファーの皆さんにゴルフ場利用税という形で1日800円ほどのお金を負担いただいています（金額はゴルフ場によって異なります）。ゴルフ場利用税は都道府県が徴収していますが、税収の70％はゴルフ場がある市町村に交付されています。一般にゴルフ場は人里離れた山間などアクセスしにくい場所にあることが多く、税収の少ない地方団体が多いです。そのためゴルフ場利用税やその交付金はゴルフ場までの道路整備など、ゴルフ場関連の様々な行政サービスのための貴重な財源となっています。

　ゴルフ場利用税を納める人は、ゴルフ場を利用するゴルファーの皆さんです。ただし18歳未満の方や70歳以上の方、障害をお持ちの方、学校の授業などで利用する方、そして国民体育大会や、オリンピックなどの国際的な大会に参加するゴルファーなどはゴルフ場利用税を払わなくてもよいことになっています。

（総務省自治税務局「やさしい地方税」https://www.soumu.go.jp/main_sosiki/jichi_zeisei/czaisei/czaisei_seido/150790_19.html
2023年2月1日現在）

8月の業務

8月　スケジュール

月	日	共通項目				
		税制関係	法人二税	諸税	徴収関係	
8	1					
	2					
	3				◆納税証明書の発行（通年）	
	4					
	5					
	6					
	7					
	8					
	9					
	10					
	11					
	12					
	13					
	14					
	15					
	16					
	17					
	18					
	19					
	20					
	21					
	22					
	23					
	24					
	25					
	26					
	27					
	28					
	29					
	30					
	31		●６月決算法人・確定申告／12月決算法人・予定中間申告（８月末日）	○地方たばこ税７月分申告納付（８月末日）		

	市町村税			道府県税		
	住民税	固定資産税	軽自動車税・諸税	事業税住民税	不動産取得税・軽油引取税	自動車税・諸税
1						
2						
3		◆評価証明書等の発行（通年）		◆個人事業税納税通知書発付		
4						
5						
6						
7						
8						
9						
10	・7月特別徴収税額納入（8/10まで）・県民税分の県への払込（毎月10日）			◆利子割・配当割前月分を納入（10日まで）		
11						
12		◆固定資産税（土地）の分合筆・画評価等（定期課税まで）		◇配当割・利子割の市町村への交付（前年3月～7月分）		
13						
14						
15						
16						
17						
18						
19		◆固定資産税（家屋）の評価事務（定期課税まで）				
20						
21						
22						
23						
24						
25						
26						
27						
28						
29						
30						
31	○個人住民税（普通徴収）第2期納期限（8月31日）		○事業所税（法人）6月決算法人申告（8月末日）◇鉱産税・入湯税7月分納期限（条例で8月末日と規定している場合）□国民健康保険税第2期納期限（8月末日）	○個人事業税第1期納期限（8月末日）	○軽油引取税7月分申告納付（8月末日）○不動産取得税8月課税分納期限（8月末日）	○ゴルフ場利用税は条例で定める日までに前月分を申告納付

◆主な事務
・個人事業税の定期課税
・各種調査事務、研修、ヒアリング等

共通的な項目

1　税制等関係

　県市町村担当課との固定資産税・住民税等について課税等のヒアリング等が行われる場合があります。特に基準年度は、各市町村の基準地（田・畑・山林）価格等の調整が行われます。

　また、予算担当・人事担当課への予算・定数要求事務が本格化します。

2　申告関係

（1）法人二税（住民税・事業税）

　法人二税については、6月決算法人の確定申告及び納付及び、12月決算法人の中間（予）申告及び納付が8月末日となっています。

（2）道府県・市町村たばこ税

　たばこ税については、7月分の申告納付が8月末日になります。

市町村税関係

1　個人住民税

　個人住民税については、7月分特別徴収税額の納入が8月10日

までとなっています。なた、普通徴収に係る第2期分納付が8月末日となる場合があります。

2　事業所税

事業所税については、6月決算法人の申告及び納付が8月末日となります。

3　鉱産税・入湯税

鉱産税・入湯税については、7月分を条例で定める納期限（例：8月末日）までに申告納付することになります。

4　国民健康保険税

国民健康保険税については、第2期等の納期限が8月末日となります（7月通知9回納期の場合）。

道府県税関係

1　個人事業税

個人事業税については、8月上旬に今年度定期課税に係る納税通知書を納税義務者に送付しますので、それに係る問い合わせ等に対応します。また、第1期納期限が8月末日となります。

この個人事業税については、事業税は個人の行う事業に課せられる、という税ですが、法人事業税が原則として全ての事業が課税対象となるのに対し、個人事業税は、法令で定められた業種に限定されています。この差異は、法人が一定の目的のもとに設立され、その目的に沿った行為を行うものとして法律に基づいて人格を与えられたものであるので、法人の行う事業は原則として全て課税対象になる、とされているのに対し、個人については、その生活関係が複

雑であり、事業性の判断基準が明確でないものが多く、その認定に当たって混乱を生じるおそれもあることから、個人の事業税の課税客体は地方税法並びに地方税法施行令において具体的に列挙されています（地税法72条の2⑧・⑨・⑩、施行令10条の3〜15条の2等）。

　ところで、事業税の前身は明治11年の営業税（府県税）に求められますが、このとき営業税では、課税客体を3分類として、第1類は諸会社、卸売業、第2類は諸仲買商（年額10円以下）、第三類は諸小売商、雑商（年額5円以下）、と区分されていました。この類別が廃止されたのは明治15年改正で、営業税は広く商工業一般に課されるようになりました。その後、地方税から国税へ移管され（府県は営業税に付加税として課税）、昭和22年に国税から府県税へ移譲し、昭和23年事業税として、第一種は従来の事業に、第二種は農業、林産業、水産業として課されるようになった、というような経緯があります。このような事業税の性格の一つとしては、事業税は、事業という物に対して課する物税である、とされており、このような性格から、個人の事業税において人的控除（基礎控除、配偶者控除等）が認められていないことになります。

　個人事業税の課税標準は、その年度の初日（4月1日）の属する年の前年中における個人の事業の所得で、個人が年の中途において事業を廃止した場合においては、前年中における個人の事業の所得及びその年の1月1日から事業を廃止した日までの個人の事業の所得が課税標準となります。通常の場合、前年の1月1日から12月31日（年の中途で事業を開始した場合には、事業開始の日から12月31日）までの所得が課税標準とされ、個人が事業を廃止した場合には、前年中の事業の所得のほかに当年中の事業の所得も課税標準となります。

　個人の事業税の課税客体は、法令で限定列挙され、個人の行う第1種事業、第2種事業及び第3種事業に対して課せされます。第

1種事業とは物品販売業等おおむね営業の範囲に属する事業（物品販売業、飲食業、不動産貸付業、駐車場業など）であり、第2種事業とはおおむね原始産業に属する事業（畜産業など）であり、第3種事業とはおおむね自由業に属する事業（医業、税理士業、デザイン業など）です。このように課税客体が分類されているのは、かつては税率が事業の区分ごとにそれぞれ異なっていたことによるとされ）ますが、現在ではその区別の実益は少ない、ということがいえるでしょう。

2　不動産取得税

　不動産取得税の課税・評価事務を進めるにあたって、基本となる不動産の「取得」の意義又は「家屋の意義」に留意します。

　まず、不動産取得税の課税客体は「不動産の取得」であるとされており、ここでいう「取得」とは、不動産の所有権を取得することを意味します。したがって、地上権や借地権のような用益物権、あるいは抵当権のような担保物権の取得は不動産取得税の課税対象とはなりません。つまり、不動産取得税は不動産の取得によって得られる経済的な価値の増加を課税客体とするのではなく、不動産の取得の背後に一般的に存すると観念される抽象的な経済力に担税力を見出し、これに対して課税するもの、とされています。このようなことから、不動産取得税にいう「取得」とは、法律上有効な不動産の取得すべてを意味することになり、法律上有効な取得であれば、原始取得か承継取得かを問わず、あるいは有償・無償・取得に伴う経済的価値の増加を問わない、ということになります。

　このように不動産取得税は原則としてあらゆる不動産の取得に対して課税されることとされますが、固定資産税のように人的非課税と用途非課税があり、さらに、形式的な所有権の移転による非課税措置があります。これは、取得行為そのものが形式的なものであり、その背後に担税力を予想して課税することが必ずしも適当でな

いため、設けられています。非課税に該当するものは、次のような
ものです。

① 　相続、法人の合併等身分法や組織法上の行為に伴いいわば包
　　括的に人格の承継が行われ、これに伴って所有権等財産権が移
　　るもの

② 　信託契約に基づき受託者が委託者から不動産を取得するなど
　　法律上は所有権の移転があるが、その移転が特定の経済的目的
　　達成のための便法として行われるものにすぎず、当事者間で終
　　局的、実質的に不動産の移転を意図しないことが明らかである
　　もの

　次に、不動産取得税でいう「家屋」とは、住宅、店舗、工場、倉
庫その他の建物をいうものです（地税法73条③）。この家屋は人為
的に造られるものであり、その形態、構造、用途等も多種多様であ
るため、家屋と異なる土地の定着物（構築物）との区分けが困難な
場合もあります。このようなことから、地方税法上、家屋の意義に
ついての積極的な定義はなされておらず、固定資産税にいう家屋又
は不動産登記法上の建物の意義と同一であるとされており（（県）
取扱通知）、不動産登記法による建物の概念に委ねられている、と
いうことになります。

　この不動産登記規則における家屋の概念は、「屋根及び周壁又は
これに類するものを有し、土地に定着した建造物であって、その目
的とする用途に供し得る状態にある」ものであるとされています
（不動産登記規則111条）。この定義も抽象的で、結局のところ、建
物であるか、それ以外の土地の定着物であるかは、社会通念によっ
て決まるものであるとされます。従来、不動産登記事務取扱手続準
則77条により、家屋として取り扱うべきものとされてきたものの
例は、次のとおりです。

　ア　停車場の乗降場及び荷物積卸場（但し、上屋を有する部分に

限る。）

 イ 野球場、競馬場の観覧席（但し、屋根を有する部分に限る。）

 ウ 高架線下を利用して築造した店舗、倉庫等の建造物

 エ 地下停車場、地下駐車場及び地下街の建造物

 オ 園芸、農耕用の温床施設（但し、半永久的な建造物と認められるものに限る。）

 このほか、具体的事例として建物であるとされたものには、飼料又はセメントの貯蔵用サイロがあります。

 これに対して、家屋として取り扱わないとされてきた例には、次のようなものがあります。

 ア ガスタンク、石油タンク、給水タンク（石油タンクについて不動産該当しないとした最高裁昭和37年3月29日判決等）

 イ 機械上に建設したもの（但し、地上に基脚を有し、又は支柱を施したものを除く。）

 ウ 浮船を利用したもの（但し、固定しているものを除く。）

 エ アーケード付街路（公衆用道路上に屋根覆を施した部分）

 オ 容易に運搬し得る切符売場、入場券売場等

 また、建物でないとされたものには、ガソリンスタンド附属のきのこ型の建造物、園芸用のビニールハウス等があります。

 このような不動産取得税においては、一応家屋の定義に該当する建物であっても、一定のものについては、税負担の均衡を考慮して不動産取得税の課税対象である家屋に該当しないものとして取り扱うべきものとされています。

3　軽油引取税

 軽油引取税については、7月分の申告納入又は申告納付が8月末日になります。

4　ゴルフ場利用税

　ゴルフ場利用税については、条例で定める日（例「月末」「15日」）までに前月分を申告納付することになります。

9月の業務

9月 スケジュール

月	日	共通項目				
		税制関係	法人二税	諸税	徴収関係	
9	1					
	2					
	3				◆納税証明書の発行（通年）	
	4					
	5					
	6					
	7					
	8					
	9					
	10					
	11					
	12					
	13					
	14					
	15					
	16	○議会9月定例会				
	17					
	18					
	19					
	20					
	21					
	22					
	23					
	24					
	25					
	26					
	27					
	28					
	29					
	30		●7月決算法人・確定申告／1月決算法人・予定中間申告（9月末日）	○地方たばこ税8月分申告納付（9月末日）		

	市町村税			道府県税		
	住民税	固定資産税	軽自動車税・諸税	事業税 住民税	不動産取得税・軽油引取税	自動車税・諸税
1						
2						
3		◆評価証明書等の発行（通年）				
4						
5						
6						
7						
8						
9						
10	・8月特別徴収税額納入（9/10まで）・県民税分の県への払込（毎月10日）			◆利子割・配当割前月分を納入（10日まで）		
11		◆固定資産税（償却資産）調査（12月頃まで）				
12						
13						
14						
15	◆住民税調査事務					
16						
17						
18						
19		◆審査申出口頭審理等				
20						
21						
22						
23						
24						
25						
26						
27						
28						
29						
30			○事業所税（法人）7月決算法人申告（9月末日）◇鉱産税・入湯税8月分納期限（条例で9月末日と規定している場合）□国民健康保険税第3期納期限（9月末日）		○軽油引取税8月分申告納付（9月末日）○不動産取得税9月課税分納期限（9月末日）	○ゴルフ場利用税は条例で定める日までに前月分を申告納付

◆主な事務
- 個人住民税調査事務
- 固定資産税（評価・非課税・住宅用地認定）等事務
- 滞納整理の促進

共通的な項目

1　税制関係

　議会（第三回定例会）が開催され、税収入の決算状況の報告を行い、質疑に対応します。また、通常国会で地方税法改正法以外の他の法律で地方税法が改正されている場合がありますので、その辺の情報も整理していきます。

2　申告関係

（1）法人二税（住民税・事業税）

　法人二税については、7月決算法人の確定申告及び納付、1月決算法人の中間（予定）申告及び納付が9月末日となります。

（2）道府県・市町村たばこ税

　たばこ税については8月分の申告納付が9月末日となります。

市町村税関係

1　個人住民税

　個人住民税については、8月分特別徴収税額の納入が9月10日

までとなります。

　また、9月くらいの時期から各種の調査事務を行います。

　例えば、個人住民税均等割については「家屋敷課税」と呼ばれるものがあり、これに係る調査事務を行います。これは、道府県は道府県内に、事務所、事業所又は家屋敷を有する個人で、当該事務所等を有する市町村内に住所を有しない者については、市町村民税を均等割によって課する市町村ごとに一の納税義務があるものとして同府県民税を課するとされています（地税法24条⑦）。

　また、市町村内に事務所等を有する個人で当該市町村内に住所を有しない者は、応益性の見地から均等割のみの納税義務を負うものとされています（地税法294条①Ⅱ）。ここでいう「事務所、事業所」とは、自己の所有に属するものであると否かを問わず、事業の必要から設けられた人的及び物的設備であって、そこで継続している事業が行われる場所（例：診療所、法律事務所、事業主が住宅以外に設ける店舗等）をいうものとされています。また、「家屋敷」とは、自己又は家族の居住の用に供する目的で住所地以外の場所に設けた独立性のある住宅をいい、常に居住しうる状態にあるものであれば足り、現実に居住していることを要しないもので、別荘や別宅等がこれに該当することになります。このような「家屋敷」等に係る調査事務を行います。また、納税義務者の住所等に関する調査としては、納税義務者の住所・転居先等について、住民登録による確認ができない場合に、給与支払者又は納税義務者に対して、調査を行います。

　また、給与支払者から提出された給与支払報告書又は納税義務者から提出された申告書について、給与支払者または納税義務者に対して、所得控除や所得内容の調査を行います。

2　固定資産税

（1）非課税の考え方

　固定資産税については、非課税資産に対する現地調査等を行います。固定資産税については、地方税法348条において固定資産税の非課税を定めていますが、このうち、同条1項は、国や地方公共団体等に対するいわゆる「人的非課税」の規定であり、同条2項以降が「物的非課税」の規定となっています。この「物的非課税」については、一般的にはその固定資産の所有者が何人であるかを問うものでなく、当該公共団体等が他の所有の建物や土地を借り受けてこれを非課税地としての用途に供しているものであっても、固定資産税は非課税とされます。この場合、地方税法348条2項ただし書きの規定により、当該公共団体がその建物や土地の所有者に対し、家賃、地代等の料金を支払っているなど有料で借り受けているときは、固定資産税を課税できることになっています。

（2）宗教法人の例から考える

　この固定資産税の非課税につき、宗教法人の非課税を例に、その概略をみていきますと、地方税法348条2項3号では、「宗教法人が専らその本来の用に供する宗教法人法第3条に規定する境内建物及び境内地」が非課税対象として掲げています。この規定は、宗教法人の布教活動の自由、関係する信者の信教の自由を実質的に保証するという観点から、境内建物や境内地を非課税とするもの、とされています。ここで、境内建物及び境内地とは、宗教法人法3条によれば、同法同条1号に掲げるような宗教法人の同法2条に規定する目的のために必要な当該宗教法人に固有の建物及び工作物をいい、境内地とは、同条2号から7号までに掲げるような宗教法人の同法2条に規定する目的のために必要な当該宗教法人に固有の土地をいうものと規定し、同法2条は「宗教の教義をひろめ，儀式行事を行い，及び信者を教化育成すること」を宗教団体の目的と

して掲げています。このようなことから、地方税法348条2項3号にいう非課税とされる境内建物及び境内地とは、宗教法人が専らその本来の用に供し、宗教の教義をひろめ、儀式行事を行い、及び信者を教化育成するために必要な当該宗教法人の固有の境内建物及境内土地をいうものと解されています。そして、当該境内建物及び境内地が，同号にいう「宗教法人が専らその本来の用に供する境内建物及び境内土地」に当たるかどうかについては，当該境内建物及び境内地の使用の実態を，社会通念に照らして客観的に判断すべき、ということになります。ここでいう、法で規定する「専らその本来の用に供する」の意義については、宗教法人が専ら「宗教の教義をひろめ、儀式行事を行い、及び信者を教化育成すること」の目的ために供するような境内建物等をいい、宗教法人が営むことのある公益事業（宗教法人法6条第1項）及びその他の事業（同条2項）の用に供される建物等はこれに含まれません。なお、「専ら」とは、境内建物等を宗教法人の本来の目的のために限って使用する状態を指すものですが、たまたま例外的に他の目的のために使用することがあったという程度のことによって、ただちに「専ら」その用に供するとはいえないということにはならない、とされます（内閣法制局法制意見。昭和40年3月29日付け自治省税務局長あて回答。なお、固定資産税賦課徴収懈怠違法確認（住民訴訟）請求事件、損害賠償（住民訴訟）請求事件、東京地裁平成16年03月25日 判決等）。

　また、「境内建物及び境内地」については、それが観賞に供されている場合においても、宗教法人が専らその本来の用に供するときは、当該境内建物及び境内地は（地方税）法348条2項3号の固定資産として固定資産税を課することが出来ない、とされます。また、宗教法人が境内建物又は境内地を有料で観賞に供することは通常当該施設の維持保存のためのものと解されるので、（地方税）法72条の5の1項本文の収益事業には該当しないものと解するのが

適当である、というものがあります（昭和31年10月25日付け自丙市発第115号回答）。

（3）墓地の例

　また、宗教法人の非課税措置と親和性のあるものとして、「墓地」の非課税があります（地税法348条②Ⅳ）、ここでいう「墓地」とは、「墓地、埋葬等に関する法律」における墓地と同意義であり、墳墓を設けるために墓地として都道府県知事から許可を受けた区域をいいます。墓地については、永代使用料等の徴収が行われている場合が多いのですが、法348条2項ただし書の適用はなく、固定資産税は非課税とされます。ここでいう墓地には、単なる墓石が存在する土地や、火葬場や牛馬等遺骸を埋葬する土地は、非課税対象となる墓地ではなく、ペット専用の墓地については、一般的に「墓地、埋葬等に関する法律」の適用がないものであり、このような墓地については、法348条2項4号の適用はない、ということになります。

3　事業所税

　事業所税については7月決算法人の申告及び納付が9月末日となります。

4　鉱産税・入湯税

　鉱産税・入湯税については、8月分を条例で定める納期限（例：9月末日）までに申告納付することになります。

5　国民健康保険税

　国民健康保険税については、第3期等の納期が9月末日になります（7月通知9回納期の場合）。

道府県税関係

1 不動産取得税

(1) 課税の考え方

　不動産取得税の課税事務にあたり、建設中の家屋が不動産取得税の課税対象としての時期についての考え方については、家屋は人為によって建造されるものであり、その建造の段階においては日々構造が変化していくもの、といえます。例えば、家屋の建造の第一段階である基礎打ちが終わったとしても、その段階でこれを家屋として扱うことは適当でない、とされています。

　不動産登記における判例では、①木材を組み立て屋根をふきあげただけではまだ家屋といえない、②単に切組を済ませ、雨を防ぐ程度に土居葺を終えただけで、荒壁も塗られていないものは家屋ではない、③屋根瓦と荒壁があれば、床や天井はなくても家屋とすることができる、とされています。すなわち、取引における物権の公示制度である不動産登記においては、たとえその建物本来の用途からみて未完成であったとしても、それが土地から独立して取引の対象とされるようになればこれを独立の不動産として扱うこととされています。しかし、このような不動産登記における家屋の時期がそのまま不動産取得税に該当するものではないとされます。これは、不動産取得税の課税にあたっては不動産が持つ資産的価値が前提となっていると考えられ、単に独立して取引の対象となるというだけでその建物本来の用途にも供し得ないものについても税負担を求めることは税本来の目的とするものではないからです。そこで、地方税法では不動産取得税について、家屋の建築による不動産の取得原因を定めていますが、新築のほか増築及び改築を総称して建築と定義しています。

(2) 新築

　まず、新築とは、家屋を新しく建造することですが、地方税法では新築については特に定義されておらず、判例では、不動産取得税における新築とは、当該家屋の種類、構造、用途等を考慮して、当該家屋の本来の用途に応じ、現実に使用収益し得る程度に完成されたことを要するとされています（東京地裁昭和34年4月22日判決、行集10巻4号746頁）。新築について家屋が保存登記できる状態になったことという説は、不動産取得税における家屋の概念が固定資産税及び不動産登記におけるそれと同一であることを論拠としていますが、不動産登記においては比較的早い時期から新築家屋を不動産として扱うことがその法の趣旨に合致するのに対し、課税対象としての不動産は、その資産的価値が充分に認められるものであることが課税の公平につながるものと思われます。

　また、不動産取得税において新築が課税要件とされているのは、課税の始期としての場合と税額を減額するための場合であり、これらの場合において、家屋としての資産的価値も不充分な状態で新築があったものとしてとられる必要はなく、その建物本来の使用目的に応じた使用がなされうる状態となって新築があったものとすることで充分であると思われます（東京高裁昭和49年7月30日判決）。

(3) 移築・増築

　次に、移築や増築などですが、移築とは、家屋をいったん解体し、同じ材料で他の場所に建築するもので新築の特殊な場合です。家屋はいったん解体されることによって同一性を失い、不動産所有権も消滅するものであり、その後同じ材料によって同じ構造の家屋を建造したとしても、それによって新たに所有権が生じるものである限り新築といえます。したがって、移築は新築として課税すべきものですが、材料が従来と同一であることを考慮し、また、改築との均衡上、移築により増加した価格についてのみ不動産取得税を課

することとされています。なお、家屋を解体せず、そのままの形で他の場所に移転させることを移設といいます。この場合は家屋の同一性は失われないので、別に増築又は改築として課税される場合を除き、不動産取得税の課税対象とはならない、とされます。

増築とは、家屋の床面積又は体積を増加することです。増築は、既存の家屋に木材、壁土等が附着し、分離復旧させることが不可能となった結果、その家屋の床面積又は体積が増加することであり、「附合」にあたります。この増築があった場合の不動産取得税の課税標準は増築によって増加した部分の価格であるとされます。

(4) 改築

改築とは、家屋の壁、柱、床、はり、屋根、天井、基礎、昇降の設備その他家屋と一体となって効用を果たす一定の設備について行われた取替え又は取付けのことです。その取替え又は取付けが改築にあたるとされる家屋と一体となって効用を満たす一定の設備とは、具体的には、消火・空調・衛生・じんかい処理・電気・避雷針・運搬（昇降除く。）・給排水・ガスなどの設備をいうものです。例えば、電気設備のうち、ネオンサインやスポットライト、電話機などは家屋の附属機器であって家屋そのものでないので、その取替え又は取付けが行われても改築にはあたらないものとされます。改築も増築と同様、不動産の「附合」の一種であるが、増築が床面積又は体積が増加するものであるのに対し、改築は家屋の価値が増加するにとどまります。そのため、地方税法では改築について不動産取得税を課する旨の規定を特においています。この改築の場合、改築によって価格が増加した部分の取得者を不動産取得税の納税義務者とする考え方と、改築を行った者を納税義務者とする考え方がありますが、例えば、改築と認定された場合における改築部分の不動産取得税の納税義務者は、改築部分の所有者が建物所有者であれば建物所有者、借室人であれば借室人となります。

なお、土地を購入する場合に、その土地の上にある廃屋を併せて購入し、購入後はただちにこれを取り壊し他の用途に利用するという場合がありますが、このように取り壊すことを条件として家屋を取得し、取得後使用することなく、直ちに取り壊した場合には、動産を取得したとみるべきで、不動産取得税の課税対象とはされないことになります。

2　軽油引取税

　軽油引取税については6月分の申告納入又は申告納付が7月末日になります。

3　ゴルフ場利用税

　ゴルフ場利用税については、条例で定める日（例「月末」「15日」）までに前月分を申告納付することになります。

外交関係・領事関係と地方税

　安政 5 年（1858）年 6 月 19 日に日米修好通商条約が締結され、同条約第 1 条によって、米国外交代表の江戸駐在が定められ、日本が欧米列強と近代国際法における外交関係を開始した訳ですが、令和 4 年 5 月現在、日本には 157 か国の大使館が設置されています。

　外交使節といえば、かつて、大使館は派遣国の領土と同じであり、派遣国の排他的な主権を認めるという「治外法権」的な考え方がありましたが、現在ではこの考え方は否定されており、外交使節の特権免除の根拠は、当該国を代表し、あるいは職務遂行上の必要からという説が有力です。

　さて、慣習国際法において、外交使節は原則として接受国の課税権に服せず、財産税については、館舎の土地・家屋に対しても税を課することを得ない、とされてきました。この特権免除については、法典化された「外交関係に関するウィーン条約（昭和 36 年）にも引き継がれました（なお、領事関係については慣習国際法ではなく、二国間条約が根拠）。このような外交関係の中で、地方税においては、従前、昭和 27 年の地方財政委員会通達（「平和条約の発効に伴う在日外国大公使等に対する地方税課税上の取扱について」（昭和 27 年 6 月 21 日付け地財委税第 738 号）により、直接、自治体の課税権は、慣習国際法又は外交関係条約等の適用を直接受ける形になっていました。具体的には、外国の政府が大使館・領事館の固定資産を取得又は保有した際に、関係国から外務省に口上書によって課税免除の要請がなされ、自治省が課税の可否を検討して、関係地方団体に課税免除を相当とする旨の通知を送付し、各地方団体がこれらの通知を基に課税免除を行なう、というような流れでした。

　この長年の取扱いにつき、地方税法上明確にして欲しいとの自治体か

らの要望により、平成17年度税制改正において、地方税法に外交・領事関係に係る非課税規定が整備され、「市町村は、外国の政府が所有する次に掲げる施設の用に供する固定資産に対しては、固定資産税及び不動産取得税を課することができない」などとして、大使館、公使館又は領事館等の施設について非課税とし、関連通知が整備されました（地税法348条⑨、地税法73条の4②）。

　このように、非課税でも減免でもなく、「課税免除」という長年の取扱いは、慣習国際法又は条約が「直接適用」（しかも地方自治体に）された、当時としては珍しい事例だったといえるのかもしれません。現在、WTO政府調達協定が地方自治体の調達行為を規律することは周知の事ですが、相互依存する国際関係においては、今後、ますますこのような視点が大事になってくると思われます。

第 3 章

第 3 四半期の 税務事務

（10 月〜 12 月）

第3四半期は、これまでの実務やOJT、研修等で培った税務知識、あるいは積み上げてきた調査結果を課税（定期課税に向けた課税決定、随時課税・更正決定等）又は徴収（滞納整理強化による税収確保）に努めていく時期となります。

　また、法人二税の11月予定・中間申告による今年度決算の税収見込を行うほか、10月を中心とした不正軽油対策、12月等のボーナス対策、そして固定資産税については、賦課期日である1月1日周辺における土地・家屋の現況把握に努めていく時期になります。

10月の業務

October

10月 スケジュール

月	日	共通項目				
		税制関係	法人二税	諸税	徴収関係	
10	1					
	2					
	3				◆納税証明書の発行（通年）	
	4					
	5					
	6					
	7					
	8					
	9					
	10					
	11					
	12					
	13	◎議会・決算特別委員会				
	14					
	15					
	16					
	17					
	18	◆総務省地方財政審議会評価分科会開催				
	19					
	20					
	21					
	22					
	23					
	24					
	25					
	26					
	27					
	28					
	29					
	30					
	31		●8月決算法人・確定申告／2月決算法人・予定中間申告（10月末日）	○地方たばこ税9月分申告納付（10月末日）		

	市町村税			道府県税		
	住民税	固定資産税	軽自動車税・諸税	事業税 住民税	不動産取得税・軽油引取税	自動車税・諸税
1						
2					◆軽油引取税検税調査	
3		◆評価証明書等の発行（通年）				
4					◆不正軽油対策（路上採油等）	
5						
6						
7						
8						
9						
10	・9月特別徴収税額納入（10/10まで） ・県民税分の県への払込（毎月10日）			◆利子割・配当割前月分を納入（10日まで）	◆自動車税減免受付（通年の場合も）	
11						
12						
13						
14		◆宅地評価等見直し（基準年度等）				
15						
16						
17						
18						
19						
20						
21						
22						
23						
24						
25						
26						
27						
28						
29						
30						
31	○個人住民税（普通徴収）第3期納期限（10月31日）		○事業所税（法人）8月決算法人申告（10月末日） ◇鉱産税・入湯税9月分納期限（条例で10月末日と規定している場合） □国民健康保険税第4期納期限（10月末日）		○軽油引取税9月分申告納付（10月末日） ○不動産取得税10月課税分納期限（10月末日）	○ゴルフ場利用税は条例で定める日までに前月分を申告納付

◆主な事務

・個人住民税調査事務

・固定資産税（評価・非課税・住宅用地認定）等事務

・滞納整理の促進

・軽油引取税の不正軽油等対策

共通的な項目

1　税制関係等

（1）議会等

　議会の決算委員会等において、前年度における決算等に関する質疑に対応します。決算委員会においても、税に関する質問は様々になろうかと思いますが、自治体によっては、徴収率や滞納分とりわけ不納欠損の状況について、分析・整理しておくことが必要になる場合もあります。

（2）研修等

　課税・徴収に関する集合研修等を行います（あるいは県主催の研修等に参加します）。

2　申告関係

（1）法人二税（住民税・事業税）

　法人二税については、8月決算法人の確定申告及び納付、2月決算法人の中間（予定）申告及び納付の期限が10月末日となります。

(2) 道府県・市町村たばこ税

たばこ税については9月分の申告納付が10月末日となります。

なお、たばこ税については、税制改正によって税率が引き上げられる場合に、たばこの価格引上げ申請の日程等から10月1日に税率が引き上げられる事が多いですが、これに伴い、近年では平成28年から令和3年までの各年において、販売用の製造たばこを所持しているたばこ販売業者に対して、「手持品課税」が行われています。この調査が行われる年度は、国・都道府県・市区町村での役割分担等を整理した後、それぞれ事務を実施していくことになります。

3　滞納整理の促進

第3四半期になると、第1四半期に課税した住民税・固定資産税・軽自動車税・自動車税・法人二税等の税目について、過去の年度に発生した滞納繰越分に加え、現年分の滞納分の滞納額や滞納件数が増加してくることになります。

この場合、上司等との相談やヒアリングを受けながら、個別の滞納事案について、滞納状況と照らし合わせながら、早期に財産保全を図るもの、分割納付も含めて資力に応じた納税交渉していくもの等に仕訳しながら進行管理をしていくことが必要となります。

(1) 地方税において国税徴収法を適用する根拠

ここで、地方税における滞納処分の根拠法について述べますと、「滞納処分」とは、税金が滞納になった場合において、普通、督促をした後に滞納者の財産を差し押さえ、これを換価し、その換価代金をもって税金に充てる強制徴収手続きであり、差押、交付要求、参加差押、換価、配当の各処分から成るものといえます。

地方税法では、このような滞納処分に係る手続きを独自には定めておらず、国税徴収法の例によって、滞納処分が行われることとな

ります。例えば、固定資産税に係る滞納処分の規定では、「固定資産税に係る滞納者が次の各号の一に該当するときは、市町村の徴税吏員は、当該固定資産税に係る地方団体の徴収金につき、滞納者の財産を差し押えなければならない」として、同条1号に「滞納者が督促を受け、その督促状を発した日から起算して10日を経過した日までにその督促に係る固定資産税に係る地方団体の徴収金を完納しないとき」と規定しており、また同条7号において「前各項に定めるものその他固定資産税に係る地方団体の徴収金の滞納処分については、国税徴収法に規定する滞納処分の例による」と定めています（地税法373条）。この場合、例えば10月1日に督促状を発した場合、10月11日がこれにあたり、その日がたまたま休日であった場合には翌12日になるということですが、この10日を経過したのち、いつ差押をするかは処分庁の判断によって決定されることとなります。

　また、この「国税徴収法の例による」という規定の意味は、国税徴収法「第5章滞納処分」ならびにこれに基づく国税徴収法施行令および同施行規則の関係条文の例によるのであって、その取扱通達までが含まれるものではないとされます（実務的には国税庁の取扱通達を参考にすることが多い場面もあるでしょう）。

（2）差押の意義と主な手続き

　さて、差押とは、滞納者の特定財産について処分を禁止する行為であって、滞納処分の一環をなすものです。滞納者の財産のうち、どの財産を差し押さえるかは徴収職員の裁量に属します。差押えの効力としては、差押えは、滞納者の特定の財産について法律上または事実上の処分を禁止する効力を有し、それに反する譲渡、権利の設定等の処分は、当事者間では有効ですが、差押権者である国または地方団体に対抗することはできません。しかし、差押は、租税の徴収が目的であって、滞納者等に苦痛を与えることを目的とするも

のではありませんが、滞納者等は租税の徴収に支障のない限度で、差押財産の使用・収益が認められています。

　差押の効力は、差押財産から生じる天然果実に及びますが、滞納者または第三者が差押財産の使用・収益を認められている場合は、その換価による権利の移転のときまでに収取された天然果実には及ばず、債権を差し押えた場合の差押後の利息についてだけは及ぶ、という事になります（徴収法52条①、徴収法52条②）。また、差押財産が損害保険等に付されているときは、差押の効力は、保険金等の支払を受ける権利に及びますが、財産を差し押さえた旨を保険者等に通知しなければ、差押をもってこれらの者に対抗することはできません（徴収法53条①）。給与・年金等の継続収入の債権の差押えの効力は、差押え後に収入すべき金額に及びますが、徴収すべき租税の額が限度となります（徴収法66条）。

　このような滞納者の財産の差押にあたっては、滞納処分の執行に支障がない限り、その財産につき第三者の有する権利を害さないようにしなければなりません（徴収法49条）。この制度上の保障として、徴収法では差押前に取得した第三者の目的となっている質権・抵当権などが差し押さえられた場合について、第三者に「差押換」（一定の要件を満たすときに、第三者からの請求により国税の全額を徴収できる財産を差し押さえ、かつ、その第三者の権利の目的となっている財産の差押を解除すること）の請求権を認めてその権利の保護を図っています。また、被相続人の租税について、その相続人の財産を差し押さえる場合には、滞納処分の執行に支障がない限り、まず相続財産を差し押さえなければならない、とされています（徴収法51条①）。相続人の固有財産が差し押さえられた場合には、相続人は処分庁の長に対して差押換えを請求することができます。

(3) 預金の差押

　ところで、差押の対象となるものは、不動産、動産、債権など多岐にわたりますが、預金の差押えは「即効性」がある、とよくいわれますので、ここでは預金の差押の意義について考えていきます。

　この「預金」とは、法律的にいえば「預金契約」のことであり、金融機関を受寄者とする金銭の消費寄託となります（民法666条）。預金契約が成立することによって、預金者は受寄者に対して預金債権を取得し、預金債権者が金融機関に対して預金の払戻しを請求した場合には、金融機関は当該預金について期限の定めのないときは何時でも、また期限の定めのあるものについては、期限の到来後は何時でもその請求に応じて、同種同額の金銭を返還しなければならない債権関係が生じますが、これを預金払戻請求権といいます。預金契約の成立にあたっては、当事者間の合意によるほかに、金銭又は金銭と同視されるものの引渡し（接受）を必要とします。預金契約が成立すると、金融機関は相手方である預金者に対して、「預金通帳」又は「預金証書」を交付するのが普通ですが、これらの交付は預金契約の成立要件ではなく単に預金契約を立証するための証拠証券であって有価証券ではない、とされます。この預金の種類には、主なものとして、普通預金や当座預金、定期預金といったものがありますが、このうち、実務的に通常、普通預金が差押えられます。これは、預金者がいつでもその返還を請求できる、という、いわば期限の定めのない消費寄託の形式となっており、この普通預金に定期預金をセットし、貸し越しができるのがいわゆる「総合口座」です。

　預金の差押えの方法は、国税徴収法62条1項により、第三債務者である金融機関に対して「債権差押通知書」を送達して行います。差押えの前提として、預金の残高確認が必要であり、また、預金通帳などから滞納者に差押えが即時知らしめられる事から、吏員が直接、金融機関を訪問して窓口で差押え手続きを行うことになり

ます。

　預金差押えの取り立て期限である履行期限については、普通預金、当座預金の場合は即日取立て、となりますが、履行期限を後日定めてその間、滞納者と交渉する、ということもあります。定期預金については満期日が到来していないものは、満期日以後の取立てとなります。この場合、当座預金を差し押えた場合、当該事業者の事業継続に大きな影響を与えることになりますので、滞納者への即時連絡するなどの配慮も必要でしょう。

　また、反対債権がある預金の差押えは、国税徴収法48条2項にいう「無益な差押え」に該当するのではないかとの指摘もあり得ますので、この点についても注意を払う必要があるでしょう。

　このような預金を差し押えるためには、滞納者に帰属する預金の発見をしなければなりません。預金発見の端緒として、不動産登記簿の状況（抵当権者である金融機関の把握）、決算書記載の金融機関、ホームページ記載の取引先金融機関、申告書記載の金融機関、滞納者宅に臨場・捜索した際での把握（カレンダー等の発見）、関係機関への照会、捜索による預金通帳等の発見、口座振替加入口座、小切手等振出金融機関、自宅又は事業所（過去に所在していた分も含む）の近隣金融機関の調査などがあげられます。滞納処分吏員は、これらの端緒から、滞納者と取引があると思われる金融機関に照会することとなります。

　さて、この預金調査に係る照会・回答については、これまで、原則書面で行われてきました。租税関係だけでなく、各種法令に基づき行政機関が預貯金等について調査を実施していますが、その照会・回答は全国で年間約6千万件に及んでおり、金融機関・行政機関双方における業務負担が大きくなっています。こうした状況を踏まえ、国においては、「金融機関×行政機関の情報連携検討会」（事務局：内閣官房情報推進技術（IT）総合戦略室、金融庁）を設置の上、「金融機関×行政機関のデジタル化に向けた取組の方向性と

りまとめ」を策定・公表し（令和元年11月）、預貯金等照会・回答業務をデジタル化していく方針を示しています。今後、預貯金等照会・回答業務におけるデジタル化が推進されていきますので、様々な面で注意していくことが必要となります。

（参考：政府CIOポータルサイト「預貯金等照会・回答業務におけるデジタル化の推進」 https://cio.go.jp/node/2782　2023年3月5日現在。現在、同サイトは更新停止）

市町村税関係

1　個人住民税

　個人住民税については、9月分特別徴収税額の納入が10月10日までとなります。また、9月と同様に、課税に係る調査事務を行います。

2　法人住民税

　法人住民税均等割については、法人税の所得が無い場合においても申告納付する義務があり、電話照会や現地調査で均等割の課税の要件である当該法人等の「事務所等」の有無を確認していく必要があります。

　この「事務所等」の要件として、「人的設備」「物的設備」「事業の継続性」の3要件がありますが、このうち「人的設備」には正規従業員だけでなく、法人の役員、清算法人における清算人、アルバイト・パートタイマーなども含みます。人材派遣会社から派遣された者も，派遣先企業の指揮および監督に服する場合は人的設備となりますし、定款規約上、代表者または管理人の定めがあるものについては，特に事務員等がいなくても人的設備があるとみなされます。次に「物的設備」とは、それが自己の所有であるかどうかにか

かわりなく、事業に必要な土地・建物・機械設備などの事業実施の為に必要な設備を設けているものをいいます。定款規約上，特に定めがなく、代表者の自宅等を連絡所としているような場合でも、そこで継続して事業が行われていると認められます。「事業の継続性」とは、事務所等において行われる事業は、法人の本来の事業の取引に関するものであることを必要とせず、本来の事業に直接、間接に関連して行われる付随的事業であっても社会通念上そこで事業が行われていると考えられるものについては、事務所等とします。

　事業の継続性には、事業年度の全期間にわたって連続して行われる場合のほか、定期的又は不定期的に、相当日数継続して行われる場合を含みます。また、そこで事業が行われた結果、収益ないし所得が発生することは必ずしも必要としません。例えば、原則として、2、3ヵ月程度の一時的な事業の用に供される現場事務所、仮小屋などは事務所等に該当しないことになります。

　均等割調査にあたっては、このような「事務所等」の要件に該当するか、検討するための資料・情報を収集し、確認していくことになります。

3　固定資産税等

　評価替えに係る調査事務のほか、非課税調査や住宅用地等の認定調査に重点を置きます。

　さて、固定資産税の土地の評価替えに係る価格調査基準日後に地価が下落している地域における宅地及び宅地比準土地については、固定資産評価基準により、また、据置年度においては地方税法附則に基づき、価格に修正を加えることができる「下落修正」が行われます。

　この「下落修正」は、最近においても、令和4年度又は令和5年度における下落修正の措置については、令和3年度税制改正の大綱（令和2年12月21日閣議決定）において、その継続が決定されま

した。

地方税法

（令和 4 年度又は令和 5 年度における土地の価格の特例）

附則 17 条の 2

　当該市町村の区域内の自然的及び社会的条件からみて類似の利用価値を有すると認められる地域において地価が下落し、かつ、市町村長が次の表の上欄に掲げる土地の区分に応じ、それぞれ、同表の中欄に掲げる年度において、同表の下欄に掲げる価格（以下この項において「修正前の価格」という。）を当該地域に所在する土地に対して課する当該年度分の固定資産税の課税標準とすることが固定資産税の課税上著しく均衡を失すると認める場合における当該土地に対して課する当該年度分の固定資産税の課税標準は、第 349 条の規定にかかわらず、令和 4 年度分又は令和 5 年度分の固定資産税に限り、当該土地の修正前の価格を総務大臣が定める基準（中略）により修正した価格（中略）で土地課税台帳等に登録されたものとする。

（以下略）

　この下落修正の適用方法は次のとおりになります。

①対象地目　宅地（評価基準第 3 節四及び五（農業用施設の用に供する宅地及び生産緑地地区内の宅地）を除く）及び市街化区域農地等宅地の価格を評価の基礎として価格を求めることとされている土地

②下落状況の把握方法

　○地価調査

　○不動産鑑定士又は不動産鑑定士補による鑑定評価（時点修正）

　○把握期間：令和 3 年度評価替えの価格調査基準日である令和 2 年 1 月 1 日から各年度における賦課期日の半年前までの下落状況を把握する。

令和3年度 ➡ 令和2年1月1日～令和2年7月1日までの下落
　状況を把握

令和4年度 ➡ 令和2年1月1日～令和3年7月1日までの下落
　状況を把握

令和5年度 ➡ 令和2年1月1日～令和4年7月1日までの下落
　状況を把握

　従って、地価動向をにらみながら、9月下旬に発表される都道府
県地価調査の状況を適切に分析し、不動産鑑定士等に簡易な鑑定依
頼を行っていく必要があります。

4　事業所税

　事業所税については8月決算法人の申告及び納付の期限が10月
末日となります。

5　鉱産税・入湯税

　鉱産税・入湯税については、9月分を条例で定める納期限（例：
10月末日）までに申告納付することになります。

6　国民健康保険税

　国民健康保険税については、第4期等の納期が10月末日になり
ます。

道府県税関係

1　個人事業税

　8月定期課税において、諸事情により課税できなかった申告分等
について、年度内に随時課税を行うため、9月に引き続き課税事務
を行います。

2　不動産取得税

　不動産取得税の申告や登記データー等から、課税を処理するにあたっては、「不動産の取得」を判断することになりますが、不動産取得税の納税義務者は、不動産の所有権を取得した者で、不動産取得の時期はその所有権の移転登記が行われた時ではなく、所有権の移転そのものが行われたときとなり、所有権の移転が契約上明示された時、あるいは特に明示されていない場合は契約が締結された時、ということになります。

　そこで、家屋が新築された場合にその家屋の所有権は新築を行った者が取得しますが、一般的に家屋を新たに取得しようとする者が自ら新築を行う場合は少なく、建築業者等と請負契約を結んでその建築業者等が新築した家屋の引渡しを受ける場合が多くなっています。このような請負契約に基づいて家屋が新築された場合の所有権の帰属は必ずしも一定ではありませんが、原則として、新築された家屋の所有権はその注文主に帰属することになります。すなわち、棟上げ時までに全工事代金の半額以上が支払われ、その後も工事の進行に応じて代金が逐次支払われてきた場合には、特段の事情がないかぎり、建築された建物の所有権は、注文主への引渡しを待つまでもなく、完成と同時に原始的に注文者に帰属するものとされています。

　これに対し、請負人が自分の材料で注文者の土地の上に建物を建造したときは、当事者間に特段の意思表示がないかぎり、建物の所有権は引渡しの時に、注文者に移転するものとされています。この場合、建物の所有権は原始的にはいったん請負人に帰属することになりますが、このように、請負契約により家屋が新築された場合にその家屋に係る所有権が誰に帰属するかは契約の内容によって異なりますので、一戸一戸の家屋について誰に原始的に所有権が帰属するかを課税庁が認定するのは困難です。

　そこで、地方税法では、家屋が新築された場合にはその家屋が最

初に使用又は譲渡された時にその新築に係る所有権の取得があったものとみなし、その所有者又は譲受人を取得者とみなして不動産取得税を課することとしています（地税法73条の2②）。すなわち、最初の使用又は譲渡が行われた時に、当該家屋の新築がなされたものとみなし、所有者又は譲受人を新築に係る取得者とみなして課税することとしています。このようなことから、請負契約の場合は、いずれの場合においても注文主を新築に係る取得者として課税することになります。

　また、家屋を新築することを業とするいわゆる建築業者が注文主である請負契約によって家屋が新築された場合、この建築業者も不動産取得税の納税義務者としないこととされています（地税法73条の2②かっこ書き）。これは、請負人に係る除外措置というよりは、他に譲渡するために家屋を建築するという建築業者の地位の特殊性にかんがみて講じられている制度ということです。さらに、建築業者が請負人から引渡しを受けた家屋を他に譲渡せず、又は使用に供さない場合には、新築された日を起算日として6か月を経過した日において、その家屋の新築に係る取得が行われたものとみなして不動産取得税が課され、家屋を所有している建築業者が納税義務者となります。

　不動産取得税の新築住宅等の軽減措置の処理については、このような事にも留意して作業を進めていくことになります。

3　軽油引取税

　軽油引取税については、9月分の申告納入又は申告納付の期限が10月末日となっています。また、10月は全国的に「不正軽油対策強化（撲滅）月間」となることが通例化していますので、これに応じて、軽油の路上採油や検税調査等を実施します。

　この「不正軽油」とは、軽油に課せられる軽油引取税の脱税を目的として、都道府県の承認を受けずに、軽油に灯油や重油をまぜた

混和軽油や、灯油と重油を混和し、濃硫酸や苛性ソーダなどの薬品により脱色・クマリン除去処理を行って製造した燃料をいい、これらの製造・売買は違法であり、罰則の適用があります。この軽油引取税の脱税とは、本来納めるべき軽油引取税は 1 リットルあたり 32.1 円となりますが、これを闇で製造して、申告をせず、本来納付すべき税額との差額を不当に着服することで納税義務を不正に免れ、また、不正な利益が、反社会的集団等犯罪組織の資金源となることもあります。さらに、軽油に重油を混和することで、排ガス中の PM（粒子状物質）や NOx（窒素酸化物）など大気汚染の原因となる物質を増加させ、人体へ悪影響を及ぼす外、エンジンの不具合・損傷の原因となります。また、廉価した軽油販売を行うことで公正な市場競争を阻害することになり、都道府県及び指定市の財政に重大な悪影響を及ぼすものであり、このような「軽油」についての地方税法上の意義は次のようなものになります。

地方税法

第 144 条第 1 項第 1 号

　軽油　温度 15 度において 0.8017 を超え、0.8762 に達するまでの比重を有する炭化水素油をいい、政令で定める規格の炭化水素油を含まないものとする。

地方税法施行令

　第 43 条　法第 144 条第 1 項第 1 号に規定する政令で定める規格は、次の各号のいずれかに該当するものとする。

　一　分留性状 90% 留出温度が 267 度を超えないこと。

　二　分留性状 90% 留出温度が 400 度を超えること。

　三　前号に掲げるもののほか、残留炭素分が 0.2% を超えること。

　四　前二号に掲げるもののほか、引火点が温度 130 度を超えること。

　2　前項の規格は、産業標準化法（昭和 24 年法律第 185 号）によって定

められる石油製品の試験等の方法に関する日本産業規格により認定するものとする。

4　ゴルフ場利用税

前月分について、条例で定める納期限までに申告納入します。

なお、ゴルフ競技会において、18歳未満・70歳以上・障害者、国体・国際競技大会のゴルフ競技（公式練習を含む）や学校の教育活動は非課税とされますので、申告にあたってはこの点にも留意します。

5　利子割・配当割

前月分について特別徴収義務者から納入されます。

11月の業務

November

11月 スケジュール

月	日	共通項目				
		税制関係	法人二税	諸税	徴収関係	
11	1					
	2					
	3				◆納税証明書の発行（通年）	
	4					
	5					
	6					
	7	◆県固定資産評価審議会開催				
	8					
	9					
	10					
	11					
	12					
	13					
	14					
	15					
	16					
	17					
	18					
	19					
	20					
	21					
	22					
	23					
	24					
	25					
	26		法人二税・予定中間申告収受繁忙期			
	27					
	28					
	29					
	30		●9月決算法人・確定申告／3月決算法人・予定中間申告（11月末日）	○地方たばこ税10月分申告納付（11月末日）		

	市町村税			道府県税		
	住民税	固定資産税	軽自動車税・諸税	事業税住民税	不動産取得税・軽油引取税	自動車税・諸税
1						
2		◆評価証明書等の発行（通年）				
3						
4						
5						
6						
7						
8						
9						
10	・10月特別徴収税額納入（11/10まで） ・県民税分の県への払込（毎月10日）			◆利子割・配当割前月分を納入（10日まで）		
11						
12						
13		◆家屋評価既存分事務				
14						
15						
16						
17						
18						
19						
20						
21						
22						
23						
24						
25						
26						
27						
28						
29						
30			○事業所税（法人）9月決算法人申告（11月末日） ◇鉱産税・入湯税10月分納期限（条例で11月末日と規定している場合） □国民健康保険税第5期納期限（11月末日）	○個人事業税第2期納期限（11月末日）	○軽油引取税10月分申告納付（11月末日） ○不動産取得税11月課税分納期限（11月末日）	○ゴルフ場利用税は条例で定める日までに前月分を申告納付

```
┌──────────────────────────────────────────┐
│ ◆主な事務                                    │
│ ・法人二税等申告受付（中間・予定申告件数多い）        │
│ ・徴収事務の本格化                              │
│ ・固定資産評価審議会等の開催                       │
└──────────────────────────────────────────┘
```

共通的な項目

1　税制等関係

　都道府県において固定資産評価審議会が開催され、基準年度においては基準地価格、提示平均価額の提示等の事務があります。

　この「固定資産評価審議会」については地方税法で明記された附属機関ですが、昭和38年12月に自治大臣から告示され、法的拘束力を有し、評価の統一化を図ることになった「固定資産評価基準」体制の中で、その運営の適正化に資するため、設けられたのがこの審議会です。平成13年1月以前は自治省に「中央固定資産評価審議会」（旧地税法388条の2）が置かれ、固定資産評価基準に関することや、固定資産の価格の修正に関する大臣の指示に関すること等について審議されていましたが、中央省庁再編に伴い、その機能は地方財政審議会固定資産評価分科会に移行して現在に至っています。

　一方、都道府県の固定資産評価審議会は、地方税法401条の2に基づいて各条例によって設置され、「道府県知事が定める（地方税法第388条第1項の固定資産評価基準の細目に関すること）」等について、審議することとされています。実際には、市町村間の評価の均衡・適正を図るため、知事の諮問を受け、基準年度における基準地価格の調整及び土地の総評価見込額及び提示平均価額の算定を

行っています。このため、審議会の事務局である県の担当職員が市町村の担当職員に、このような調整に係る資料提出やヒアリング等を実施しています。

2　申告関係

（1）法人二税（住民税・事業税）

　法人二税は、9月決算法人の確定申告及び納付、3月決算法人の中間（予定）申告及び納付が11月末日になります。5月と同様、3月決算法人は対象件数が比較的多い事から、中間・予定申告受付件数も多くなります（申告期間の延長はありません）。

　予定申告については、これによって企業業績の見込みが図れる、という点で重要となっています。

（2）道府県・市町村たばこ税

　たばこ税については10月分の申告納付が11月末日となります。

市町村税関係

1　個人住民税

　個人住民税については、10月分特別徴収税額の納入が11月10日までになります。

2　事業所税

　事業所税は9月決算法人の申告及び納付が11月末日までとなります。

3　鉱産税・入湯税

　鉱産税・入湯税は、10月分を条例で定める納期限（例：11月末

日）までに申告納付する事になります。

4　国民健康保険税

　国民健康保険税について、第5期等の納期が11月末日になります（7月通知9回納期の場合）。

道府県税関係

1　個人事業税

　個人事業税の第2期納期が11月末日になります。

　ところで、個人事業税について、特に多い不動産貸付業についてみてみますと、取扱通知によれば、不動産貸付業とは、継続して、対価の取得を目的として、不動産の貸付（地上権又は永小作権の設定によるものを含む。）を行う事業をいうものである、とされています。この不動産貸付業については、昭和56年改正前は、不動産の貸付を行う事業のうち、「競技場、遊技場、集会場　等の貸付業」が個人の事業税の課税対象とされていましたが、昭和56年度改正により、これらの不動産のみならず、広く一般の不動産の貸付業も課税対象事業とされたという経緯があります。

　不動産貸付業の具体的な認定基準については、取扱通知によれば、不動産貸付業に該当するかどうかの認定に当たっては、所得税の取扱いを参考とするとともに次の諸点に留意することとされています。

　　ア　アパート、貸間等の一戸建住宅以外の住宅の貸付けを行っている場合においては居住の用に供するために独立的に区画された一の部分の数が、一戸建住宅の貸付けを行っている場合においては住宅の棟数が、それぞれ10以上であるものについては、不動産貸付業と認定すべきものであること。

イ　住宅用土地の貸付けを行っている場合においては、貸付け契
　　約件数（1の契約において2画地以上の土地を貸付けている場
　　合はそれぞれを1件とする。）が10件以上又は貸付総面積が2
　　千平方メートル以上であるものについては、不動産貸付業と認
　　定すべきものであること。
　ウ　一戸建て住宅とこれ以外の住宅の貸付け又は住宅と住宅用土
　　地の貸付けを併せて行っている場合等については、ア又はイと
　　の均衡を考慮して取り扱うことが適当であること。

2　軽油引取税

　軽油引取税について、10月分を申告納入又は申告納付の期限が
11月末日となります。軽油引取税が免除された軽油のことを『免
税軽油』といいますが、免税軽油に係る調査事務もあります。

　なお、軽油引取税は元々、道路特定財源だったこともあり、例え
ば船舶の使用者が当該船舶の動力源に供する軽油や、農業を営む者
が動力耕うん機の動力源に供する軽油など、法令で定められた特定
の事業者が特定の用途に使用する軽油の引き取りは、一定の要件を
満たした場合、軽油引取税の課税が免除されます。この免税制度に
ついては、石油化学製品の原料となる軽油に対する免税措置を除
き、令和6年3月31日までの時限的な措置となっています。

3　ゴルフ場利用税

　前月分について、条例で定める納期限までに申告納入します。

4　利子割・配当割

　前月分について特別徴収義務者から納入されます。

12 月の業務

4月
5月
6月
7月
8月
9月
10月
11月
12月
1月
2月
3月

December

12月　スケジュール

月	日	共通項目				
		税制関係	法人二税	諸税	徴収関係	
12	1					
	2					
	3				◆納税証明書の発行	
	4				（通年）	
	5					
	6					
	7	議会定例会			◆ボーナス対策	
	8				（臨戸・夜間催告等）	
	9					
	10					
	11	三税協議会				
	12	開催				
	13					
	14					
	15					
	16					
	17					
	18					
	19					
	20					
	21					
	22					
	23					
	24					
	25					
	26					
	27					
	28					
	29					
	30					
	31		●10月決算法人・確定申告／4月決算法人・予定中間申告（12月末日）	○地方たばこ税11月分申告納付（12月末日）		

	市町村税			道府県税		
	住民税	固定資産税	軽自動車税・諸税	事業税住民税	不動産取得税・軽油引取税	自動車税・諸税
1						
2						
3		◆評価証明書等の発行（通年）				
4						
5						
6						
7						
8						
9						
10	・11月特別徴収税額納入（12/10まで）・県民税分の県への払込（毎月10日）			◆利子割・配当割前月分を納入（10日まで）		
11						
12				◇配当割・利子割の市町村への交付（8月～11月分）		
13						
14						
15						
16						
17		◆固定資産税（償却資産）申告準備等				
18						
19						
20						
21						
22						
23						
24						
25						
26						
27						
28						
29						
30						
31		○固定資産税第3期納期限（12月末日）	○事業所税（法人）10月決算法人申告（12月末日）◇鉱産税・入湯税11月分納期限（条例で12月末日と規定している場合）□国民健康保険税第6期納期限（12月末日）		○軽油引取税11月分申告納付（12月末日）○不動産取得税12月課税分納期限（12月末日）	○ゴルフ場利用税は条例で定める日までに前月分を申告納付

◆主な事務
- 滞納整理強化月間等、整理収入確保の為の取組み
- 税制改正情報の収集

共通的な項目

1　税制改正

　12月中旬に与党税制改正大綱が与党税制調査会で決定され、それを受けて12月下旬に政府の来年度税制改正大綱が閣議決定し、政府予算案・地方財政計画も公表されますので、主な税制改正項目や税制改正項目を把握し、また来年度税収入に関する見込みを見積もります。

2　申告関係

（1）法人二税

　法人二税について、10月決算法人の確定申告及び納付、4月決算法人の中間（予定）申告及び納付が12月末日となります。

（2）道府県・市町村たばこ税

　たばこ税について、11月分の申告納付が12月末日となります。

3　徴収関係

　12月を中心に第三四半期は、ボーナス対策など、滞納整理強化月間として整理収入の確保に取組む時期となります。場合によっては、以下に述べる「捜索」を行います。

(1) 捜索の意義

滞納整理においては、滞納処分の過程上、差押えを行うために「捜索」が行われることがあります。この「捜索」とは国税徴収法によって、徴収職員（徴税吏員）が滞納処分のため差し押さえるべき財産の発見又は差し押さえた財産の引揚げ等をするために、滞納者や滞納者と関係する第三者の物や住居等について行う強制処分のことです。

国税徴収法では、まず、同法142条により、捜索の権限及び方法につき、「徴収職員は、滞納処分のため必要があるときは、滞納者の物又は住居その他の場所につき捜索することができる」としています。捜索は滞納者が財産の任意提供を拒否した場合など「滞納処分のため必要があるとき」に行いますが、次の場合にも捜索を行います（徴収法142条②）。

① 滞納者の財産を所持する第三者に任意提供を求めてもその財産の引渡しをしない場合

② 「滞納者の親族その他の特殊関係者」（納税者の配偶者、直系血族及び兄弟姉妹、親族で生計を一とする者や納税者の使用人その他の個人でその納税者から受ける特別の金銭等により生計を維持する者等。徴収法38条参照）が、滞納者の財産を所持すると認めるに足りる相当の理由がある場合において、任意提供を求めてもその財産の引渡しをしないとき

(2) 捜索の方法

捜索は、滞納者等の「物」（滞納者等が使用し、若しくは使用していると認められる金庫、貸金庫、たんす、書箱、鞄、戸棚、長持、封筒等）又は住居その他の場所（解散した法人については、清算事務が執られたとみられる清算人の住居も捜索ができる場所に含まれる）に対してできます。徴税吏員は、滞納者等の物又は住居等の捜索に当たり、閉鎖してある戸、金庫その他の容器類を開かせな

ければ捜索の目的を達することができない場合には、その滞納者又は第三者にこれを開かせ、又は自ら開くため必要な処分をすることができます（徴収法142条3項）。しかし、まず、滞納者等にこれを開かせ、滞納者等が徴税吏員の求めにもかかわらず、開かない場合に限り、徴税吏員は、自ら開く場合には、これに伴う必要な処分ができますが、この処分は、滞納者等に不必要な損害を与えることのないよう必要最小限度のものにとどめられるべきである、とされています。

　捜索ができる時間については、捜索は、日没後から日出前まではすることができませんが、日没前に着手した捜索は日没後まで継続することができる（徴収法143条①）。しかし、旅館、飲食店その他夜間でも公衆が出入りすることができる場所については滞納処分の執行のためやむを得ない必要があると認めるに足りる相当の理由があるときは、日没後でも、公開した時間内は、捜索することができる（徴収法第143条②）。また、捜索をするときは、その捜索を受ける滞納者等又はその同居の親族若しくは使用人その他の従業員で相当のわきまえのあるものを立ち合わせなければならない、とされています。この場合においてこれらの者が不在であるとき、又は立会いに応じないときは、成年に達した者二人以上又は地方公共団体の職員若しくは警察官を立ち会わせなければならない（徴収法144条）。ここでいう「地方公共団体」とは、捜索をする場所の所在する都道府県、市町村、特別区、地方公共団体の組合及び財産区をいう、とされています（地方自治法第1条の3参照）。

　なお、滞納者、第三者、同居の親族、滞納者を代表する権限を有する者以外の者は、その場所に出入りすることを禁止することができる、とされています（徴収法145条）。

市町村税関係

1 個人住民税

　個人住民税については、11月分特別徴収税額の納入が12月10日までとなります。また、入力委託事務やふるさと納税に係る事務を行います。

2 固定資産税等

　評価替えに係る調査事務のほか、非課税調査や住宅用地等の認定調査に重点を置きます。償却資産については、翌年1月末が申告書の提出期限ですので、提出にあたっての準備事務を行います。

　また、1月1日が賦課期日となっていますので、1月1日現在の土地・家屋現況の把握（住宅用地・非住宅用地の認定等）に係る現地調査等を行います。

　住宅用地については、併用住宅における住宅の割合や同一画地として認定できる土地内における住宅の個数の把握などに注意することが必要ですが、賦課期日現在において、住宅建替え中の土地に係る固定資産税の認定については、旧自治省から通達及び内かん等（「住宅建替え中の土地に係る固定資産税及び都市計画税の課税について」（平成6年2月22日付け自治固第17号、各道府県総務部長、東京都総務・主税局長あて自治省税務局固定資産税課長通達、及び平成6年2月22日付け各道府県総務部長、東京都総務・主税局長あて自治省税務局固定資産税課長内かん）が出ており、一定の要件を満たすものについては住宅用地として取り扱って差し支えないとされており、これらに示された点に留意しながら認定する必要となります。

3　事業所税

事業所税については 10 月決算法人の申告及び納付の期限が 12 月末日となります。

4　鉱産税・入湯税

鉱産税・入湯税については、11 月分を条例で定める納期限（例：12 月末日）までに申告納付することになります。

5　国民健康保険税

国民健康保険税については、第 6 期等の納期が 12 月末日になります。

道府県税関係

1　軽油引取税

軽油引取税については、11 月分の申告納入又は申告納付の期限が 12 月末日となっています。また、特別徴収義務者等に対する報奨金事務を行います。

2　ゴルフ場利用税

前月分について、条例で定める納期限までに申告納入します。

3　利子割・配当割

前月分について特別徴収義務者から納入されます。

また、利子割・配当割の市町村への交付事務があります（8 月〜11 月分）

地方税における「マルサ」

　かつて、平成バブル時代に入口に差し掛かった時期に伊丹十三監督の映画『マルサの女』がヒットし、それ以来「マルサ」（国税局査察部の査察官）という言葉が世間に定着しました。

　この映画の冒頭に「収税官吏ハ（中略）犯則アリト思料スルトキハ告発ノ手続キヲ為スベシ」という字幕が出てきます。税務における強制調査の根拠法となる「国税犯則取締法」（明治 33 年法律第 67 号。通称「国犯（コッパン）法」）の条文で、強制的な調査権の根拠となる法律で、国税法の規定が憲法 35 条に反するかどうか、争われたこともありました（最高裁昭和 30 年 4 月 27 日判決）。

　この国犯法は、租税ほ脱などの犯則事案等については、早期の調査着手と、通常の税務調査とは全く異なる証拠の収集確保等が必要である、ということから制定され、長年、検察官への告発を前提とする調査及び処分に関する手続等の根拠法となっていました。

　しかし、国犯法は、昭和 23 年を最後に大幅な改正がなされておらず、条文が現代離れしており、関税法と比して不備な点が指摘され、近年、経済活動の ICT 化が進展する中にあって必要な客観的証拠の収集が一層困難になっているとの指摘がされてきました。そこで、政府税制調査会での検討を経て、平成 29 年度税制改正において、これらの国税犯則調査手続の見直しがなされ、平成 30 年 4 月 1 日から国税犯則調査手続が国税通則法に編入されるとともに、明治時代続いた国税犯則取締法が廃止されることになりました。

　ところで、地方税においても査察（犯則調査）を行うことがあります。地方税ではかつては料理等飲食消費税のほ脱行為が多く、近年は軽油引取税のほ脱事案が相次ぎ、犯則調査がなされてきました。そして、その根拠規定となったのが、この国犯法です（例えば、軽油引取税に係る犯

則事件に関する同法の準用について改正前の地税法 144 条の 55）。税
制改正によって、この国犯法が廃止されたことにより、地方税法総則に
「第 16 節　犯則事件の調査及び処分」（地税法 22 条の 3 以下）が追加
され、平成 30 年 4 月 1 日から施行されています。

第4章

第4四半期の
税務事務

（1月～3月）

第4四半期は、年末の税制改正を受けた議会対応や条例・規則制定事務を行うとともに、確定申告期における国税データ連携等による住民税の本格的な定期課税のスタートにあたります。また、固定資産税の評価決定・住宅用地等の認定事務の結果を受けた定期入力事務の終盤に当たります。また、徴収部門においても、年度末に向けた税収確保に努めていく時期となります。

1月の業務

January

1月 スケジュール

月	日	共通項目				
		税制関係	法人二税	諸税	徴収関係	
1	1					
	2					
	3					
	4					
	5					
	6				◆納税証明書の発行（通年）	
	7					
	8					
	9					
	10					
	11					
	12	臨時議会（専決条例の報告・承認）				
	13					
	14					
	15					
	16					
	17					
	18					
	19					
	20					
	21					
	22					
	23					
	24					
	25					
	26					
	27					
	28					
	29					
	30					
	31		●11月決算法人・確定申告／5月決算法人・予定中間申告（1月末日）	○地方たばこ税12月分申告納付（1月末日）		

156

	市町村税			道府県税		
	住民税	固定資産税	軽自動車税・諸税	事業税住民税	不動産取得税・軽油引取税	自動車税・諸税
1		賦課期日（基準年度：価格調査基準日）				
2						
3						
4						
5						
6		◆評価証明書等の発行（通年）				
7						
8						
9						
10	・12月特別徴収税額納入（1/10まで）・県民税分の県への払込（毎月10日）			◆利子割・配当割前月分を納入（10日まで）		
11						
12			◆軽自動車税納税通知書発付（4月課税）			
13						
14						
15						
16						
17						
18						
19						
20						
21						
22						
23						
24						
25						
26						
27						
28						
29						
30						
31	○個人住民税（普通徴収）第4期納限（1月31日）○給与支払報告書提出（1月31日）	○固定資産税（償却資産）申告期限（1月31日）○固定資産税（新築家屋・住宅用地等）申告期限（1月31日）	○事業所税（法人）11月決算法人申告（1月末日）◇鉱産税・入湯税12月分納期限（条例で1月末日と規定している場合）□国民健康保険税第7期納期限（1月末日）		○軽油引取税12月分申告納付（1月末日）○不動産取得税1月課税分納期限（1月末日）	○ゴルフ場利用税は条例で定める日までに前月分を申告納付

◆主な事務
- 税制改正に伴う条例改正事務
- 個人住民税定期課税（確定申告）
- 固定資産税定期課税事務
- 滞納整理の促進

共通的な項目

1　税制改正事務

　1月下旬以降に、税制改正の説明資料や改正法案、条例準則が国（都道府県）から示されるので、条例改正や議会説明資料等の整備を行います。

2　申告関係

（1）法人二税（住民税・事業税）

　法人二税については、11月決算法人の確定申告及び納付、5月決算法人の中間（予定）申告及び納付が、1月末日となります。

（2）道府県・市町村たばこ税

　たばこ税は12月分の申告納付の期限が1月末日となります。

3　徴収関係

　12月の滞納整理促進月間を受けて、滞納整理を促進します。

市町村税関係

1　個人住民税

　個人住民税は、賦課期日が1月1日となります。また、12月分特別徴収税額の納入が12月10日までとなる外、給与支払報告書の提出は1月末日となります。

　普通徴収第4期分納付は1月末日となります。

　ところで、個人住民税では住所が重要な意義を有しており、住所の認定が課税権の帰属を決定し、納税義務を確定させる効果を有することになります。これは、地方公共団体の区域内に居住する住民にその担税力に応じ当該地方公共団体の経費を分任させる趣旨であるとされており、個人住民税は当該市町村又は都道府県内に住所を有するか否かにより納税義務の有無等が決まるので、住所がどこにあるかということが極めて重要になります。

　個人住民税における「住所」については、地方税法上特段の規定はなく、原則として民法に規定されている住所（住所とは「生活の本拠」）をいうものとされています（民法22条）。したがって、地方税法でいう住所の意義についても、各人の生活の本拠ないしは生活の場所的中心をいうものと解されますが、この「生活の本拠」とは、人の日常生活の状況、家族の生活の状況、家族との連絡の状況、職業、選挙権の行使の状況、住民基本台帳の記録の状況等、その者の生活関係のすべての面を総合してその中心をいうものとされます。このように住所の個数については複数存在すると解するよりは、原則として単一であると考えられ、特に個人住民税においては、地方団体の課税権の帰属を決定し、納税者の納税義務を確定する効果を有するものですから、課税の重複を避けるため、地方税法上はあくまで住所は一個とされています。なお、地方税法では、住民基本台帳法の施行に伴い、昭和45年度の個人住民税から、住所

は原則として住民基本台帳に記載されているところによることとされました。この住民基本台帳法に記録されていない者で、その者が当該地方団体内に住所を有すると認定された場合には、当該地方団体（市町村）は、当該市町村の住民基本台帳に記録されている者とみなして、個人住民税を課することができます。また、現に住所を有する市町村において個人住民税を課税された者に対しては、同一人に対する二重課税を防止する趣旨から、住民基本台帳に記録されている場合であっても、当該市町村では個人住民税を課することができない、とされます。特別なケースの住所の具体的認定にあたっては「取扱通知」では、住所の認定及び課税の取扱いについては、おおよそ次のようにされています（第2章・第1節・第1・4の2以下）。

◎市町村民税の納税義務者が賦課期日後に出国した場合においても、その納税義務は消滅しないことに留意すること。法施行地に住所を有するかどうかは、実質的に判断すべきであるから、たまたま出国した者であっても、その者の出国の期間、目的、出国中の居住の状況等から単に旅行にすぎないと認められる場合には、その出国中であっても、その出国前の住所があるものとして取り扱うこと。

◎住所の具体的な認定に当たっては、住民基本台帳法の施行に伴う住所の認定に関する諸通知によるものであるが、次の点に特に留意すること。

・勤務する事務所又は事業所との関係上家族と離れて居住している者の住所は、本人の日常生活関係、家族との連絡状況の実情を調査確認して認定するものであるが、確定困難な者で、勤務日以外には家族のもとにおいて生活をともにする者については、家族の居住地にあるものとする。

・職業の関係上家族の居住地を離れて転々と居を移している者又

は職務の性質上年間において一定期間家族の居住地を離れて別に起居している者の住所は、家族の居住地にあるものとして取り扱うこと。ただし、同一場所に 1 年以上居住している場合においては、本人の住所は、当該場所にあるものとして取り扱うこと。

・船舶に乗り組んでいる船員の住所については、航海と航海の中間期間又は休暇等に際して妻子その他の家族のもとにおいて生活をともにする関係を失わず、かつ、本人が船舶及び家族の居住地以外に居を構えてそこを生活の中心としているような状況がない限り、その住所は、家族の居住地にあるものとして取り扱うこと。もし本人と家族の居住地との間に右のような関係がなく、又は船舶及び家族の居住地以外の場所に本人の生活の中心が存しない場合には、本人の住所は、航海を終われば通常帰航する関係にある主たる定けい港所在の市町村にあるものとして取り扱うこと。

・所得税において、国家公務員又は地方公務員については国内に住所を有しない期間についても国内に住所を有するものとみなすものとする所得税法第 3 条第 1 項の規定は、個人住民税については、適用されないこと。

・自衛隊隊員の住所については別途「自衛隊隊員の住所の認定等について」（昭和 30 年 12 月 1 日付自丙市発第 137 号）に、海上保安庁所属船舶職員の住所については別途「海上保安庁所属船舶職員の住所の認定について」（昭和 37 年 7 月 13 日付自丙市発第 18 号）により、それぞれ取り扱うこと（営舎内又は船舶内に居住が義務づけられている自衛隊員の住所は、原則として、当該営舎内又は船舶の定けい港所在市町村、海上保安庁の所属船舶船員の住所は、原則として当該職員の乗り組む船舶の定けい港所在市町村（当該市町村の近隣市町村に妻子その他家族の住所がある場合には、その家族の住所がある市町村）等）

なお、外国人等に対する個人住民税の課税については、租税条約（例：「所得に対する租税に関する二重課税の回避及び脱税の防止のための日本国とアメリカ合衆国との間の条約」（日米租税条約））の規定により特別の取扱をしている場合がありますので、それらの規定について留意することが必要となります。

2　固定資産税・都市計画税

　固定資産税の賦課期日は1月1日となります。毎年、土地・家屋の現況については、1月1日付近において、航空写真を撮影し、定期課税までに課税対象となる資産の判別を行います。また、1月下旬は住宅用地の申告又は新築住宅の申告（例：1月下旬）の期日とされます。

　評価替え年度（土地）においては、価格調査基準日が「前年の1月1日」となり、この日を基準とした鑑定評価等が行われます。

　また、固定資産税（償却資産）の申告の期限が1月末日ですので、償却資産の申告書を（紙及びエルタックスによる申告）を大量に受け付け、処理していくことになります。

（1）家屋の意義

　固定資産税の課税客体となる家屋とは、住家、店舗、工場（発電所及び変電所を含む。）、倉庫その他の建物をいうものとされており（地税法341条Ⅲ）、不動産登記法における建物とその意義を同じくするもので、不動産登記簿に登記されるべき建物であるとされています（（市）取扱通知第三章第一節）。なお、不動産取得税において家屋とは、「住宅、店舗、工場、倉庫その他の建物をいう」とされており、その種類の表現に若干の違いがありますが、法的には家屋の意義は固定資産税と全く同様なものと解されています。

　固定資産税の課税客体となる家屋とは、賦課期日現在において家屋と認められるべきものでなければなりませんが、賦課期日の現況

が家屋であるか否かは、個々の建物の現況に応じて判定しなければならず、一方、地方税法では、家屋の何たるかについては積極的に規定していません。したがって、家屋が何であるかは専ら社会通念によって定められるべきものであって、一般的には、土地に定着して建造され、屋根及び周壁又はこれに類するものを有し、独立して雨風をしのぎ得る外界から遮断された一定の空間を有し、その目的とする居住、作業、貯蔵等の用に供し得る状態にあるものをいうと解されています。

また、「通常は一連の新築工事が完了した場合に評価・課税されるが、家屋の内・外部仕上げ等工事の一部が未了の場合でも、家屋の使用が開始されるなど「一連」の新築工事が終了したと認められる特段の事情があるときには、評価・課税できるものといえよう」とする解釈があります（固定資産税務研究会『令和3年度版　要説固定資産税』2021年、ぎょうせい）。

(2) 土地又は家屋を「現に所有している者」

土地又は家屋を「現に所有している者」とは、相続その他の事由に基づき民法その他の規定により当該固定資産を現実に所有している者をいいます。例えば、所有権の確認に関する判決が出されている場合、これに基づいて課税することが適当とされていますし、賦課期日現在において土地台帳及び家屋台帳に所有者として登録されている法人について賦課期日前に消滅していない限り、納税義務者とされます。これは固定資産税においては、賦課期日に登記等されている所有者に課税することが原則となっていますが、土地または家屋の所有者であった個人が賦課期日前に死亡し、または土地または家屋の所有者であった法人がすでに賦課期日前に消滅してしまって現存しない場合であっても、その相続または財産の承継者が当該土地または家屋について所有権の移転登記をしない限り、土地登記簿または建物登記簿上は依然としてすでに現存しない個人または法

人の名義が登記されたままになっていることが多くなっています。にもかかわらず、この場合においてあくまでも土地登記簿・家屋登記簿上の所有者に課するという建前をとれば、賦課期日現在においてすでに人格の存在しないものに対して納税義務は発生せず、したがって、何人かがその納税義務を承継するということも起こりえないので、そこに土地または家屋が現に存在し、またこれを現に所有している者があっても、これに課することができないということになって不合理となります。そこで、このような場合には、賦課期日現在において、現にこれを所有している現実の所有者を納税義務者とすることとしています。

(3) 価格調査基準日

　土地の評価替えにあたっては、毎基準年度において、地方税法には規定されていませんが、総務省（旧自治省）からの通知（地方自治法245条の4にいう「技術的な助言」）に基づき、賦課期日の前一年前を価格把握のための事務作業の基準日、すなわち価格調査基準日として定め、各市町村において、この日を基準日として評価替え事務を行っています。

　このように、土地に係る固定資産税では、価格調査基準日と賦課期日の時点の異なる二つの基準日がありますが、両者の差異については、判決で、固定資産税の評価替えにおいては、膨大な量の土地を、大量、一括評価するものであり、また、各市町村が評価した後、都道府県間、都道府県内の市町村間の評価の均衡を図るための所要の調整を行うこと等から、一連の評価事務には相当の期間を要するものである、とされています。このようなことから、基準年度においては賦課期日から評価事務に要する期間をさかのぼった時点の地価を基準として評価せざるを得ないことは、法の許容するところであると考えられる、ということである。この価格調査基準日の設定については、最高裁判例においても「大量に存する固定資産の評価事務

に要する期間を考慮して賦課期日からさかのぼった時点を価格調査基準日とし、同日の標準宅地の価格を賦課期日における価格の算定資料とすること自体は、法の禁止するところということはできない」として認めているところです（最高裁平成15年6月26日第一小法廷判決。なお、最高裁判決では、価格調査基準日を認めながらも、法でいう「適正な時価」とは、正常な条件の下に成立する当該土地の取引価格、すなわち、客観的な交換価値をいうと解され、土地課税台帳等に登録された価格が賦課期日における当該土地の客観的な交換価値を上回れば、当該価格の決定は違法となる、と判示しています）。

(4) 家屋の評価替えについて

　評価基準における家屋の評価では、全国一律の評点式評価法を採用しており、各市町村の評価の均衡を図る上で、また、各市町村の実態に即した評価を反映させるために、「評点一点当たりの価額」をこの評点数に乗じることによって評価額を決定することとされています。これは、現行固定資産評価制度が発足した当時には、評価基準によって評価したとしても、市町村間の評価額が均衡を失していたことから、評価の均衡を図る何らかの調整措置が必要になると考えられ、提示平均価額（旧「指示平均価額」）が総務大臣又は都道府県知事が修正することによって、評価の均衡を保持するという趣旨から、この制度が設けられたものです。この「評点一点当たりの価額」は、木造家屋及び非木造家屋の別に算定された提示平均価額に基づいて算出し、各市町村長が決定することが本則となっており、具体的には、次の式で表されます。

> 評点一点当たりの価額　＝　木造（非木造家屋）の提示平均価額×総床面積／木造（非木造家屋）の付設総評点数

このように、評価基準本文では、上記算式によることを原則としていますが、在来分家屋については、昭和39年から台帳価格の据置措置がとられていることから、実際にはこの方法によることができず、現行評価基準が制定された当初から、当分の間、評価基準第2章第4節二及び三による据置措置及び不均衡是正措置が講じられ、評価基準第2章第4節の経過措置に示された金額を基礎として市町村長が定めるものとされ、経過措置に定める方法により評点一点当たりの価額が定められ、これが採用されています。具体的には「評点一点当たりの価額」の決定については、提示平均価額に基づいて決定することなく、「物価水準による補正率」と「設計管理費等による補正率」を相乗した率を基礎として決定するものであるとなっています。つまり、当該市町村と再建築費評点基準表のベースになっている東京特別区の区域との物価水準を補正するための「物価水準による補正率」及び、再建築費評点数として表すことができない一般管理費、設計管理費及び適正利潤などを加味するための「設計管理費等による補正率」により市町村長が定めることとされています。

(5) 償却資産の評価

　評価基準第3章第1節一には「償却資産の評価は、前年中に取得された償却資産にあつては当該償却資産の取得価額を、前年前に取得された償却資産にあつては当該償却資産の前年度の評価額を基準とし、当該償却資産の耐用年数に応ずる減価を考慮してその価額を求める方法によるものとする。」と規定され、この規定に関する考え方を具体化するために、固定資産評価基準第3章第1節二以下において償却資産の実際の評価方法が定められています。すなわち、償却資産の取得価額は、原則として税務会計における減価償却費の計算の基礎となる取得価額の算定の方法により算定し、耐用年数は、耐用年数省令別表に掲げる耐用年数又は短縮若しくは見積耐用

年数により、耐用年数に応ずる減価は、税務会計における定率法による減価率を用いて控除額を算定し、増加償却又は陳腐化償却に対応して控除額の加算を認め、一般には、取得価額から減価償却限度額を控除した額を評価額の最低限度とする、というものです。

　なお、償却資産について、国税である法人税と固定資産税について比較すると次の差異が見受けられます。

項目	固定資産税	法人税
償却計算の期間	暦年（賦課期日制度）	事業年度
減価（償却）の方法	一般の資産は定率法	建物以外の一般の資産は、定率法・定額法の選択制度
前年中の新規取得資産	半年償却（1／2）	月割償却
圧縮記帳の制度	無	有
特別償却、割増償却（租税特別措置法）	無	有
増加償却（所得税、法人税）	有	有
陳腐化償却（耐用年数の短縮）	有	有
評価額の最低限度	取得価額の5/100	一般の資産は、取得価額の5/100、特定堅ろう構築物は1円
改良費（資本的支出）	区分評価	合算評価

3　事業所税

　事業所税については、11月決算法人の申告及び納付が1月末日となります。

4　鉱産税・入湯税

　鉱産税・入湯税については、12月分を条例で定める納期限（例：1月末日）までに申告納付する事になります。

5　国民健康保険税

　国民健康保険税については、第6期等の納期が1月末日とされます。

道府県税関係

1 個人事業税

1月からの確定申告・閲覧等の準備事務を行います。

2 軽油引取税

軽油引取税については12月分を申告納入又は申告納付を1月末日までに行うこととなります。

3 ゴルフ場利用税

条例で定めた期限（月末等）までに申告納入します。

4 利子割・配当割等

10日が納入期限になります。

2月の業務

2月 スケジュール

月	日	共通項目				
		税制関係	法人二税	諸税	徴収関係	
2	1					
	2				◆納税証明書の発行（通年）	
	3					
	4					
	5					
	6	税制改正説明会（県市町村担当課）				
	7					
	8					
	9	監査対応事務				
	10					
	11					
	12					
	13					
	14					
	15	税制改正条例・規則案等策定				
	16					
	17					
	18					
	19					
	20					
	21					
	22					
	23					
	24					
	25					
	26					
	27					
	28		●１２月決算法人・確定申告／６月決算法人・予定中間申告（２月末日）	○地方たばこ税１月分申告納付（２月末日）		

	市町村税			道府県税		
	住民税	固定資産税	軽自動車税・諸税	事業税 住民税	不動産取得税・軽油引取税	自動車税・諸税
1						
2						
3		◆評価証明書等の発行（通年）				
4						
5						
6						
7						
8						
9						
10	・1月特別徴収税額納入（2/10まで）			◆利子割・配当割前月分を納入（10日まで）		
11						
12						
13						
14						
15	・個人住民税申告期限（所得税確定申告・3月15日） ・県民税分の県への払込（毎月10日）			・個人事業税申告期限（所得税確定申告・3月15日）		
16						
17						
18	◇個人住民税の税務署閲覧事務開始（2月中旬～4月中旬頃まで）			◇個人事業税の税務署閲覧事務開始（2月中旬～4月中旬頃まで）		
19						
20						
21						
22						
23						
24						
25						
26						
27						
28		○固定資産税第4期納期限（2月末日）	○事業所税（法人）12月決算法人申告（2月末日） ◇鉱産税・入湯税1月分納期限（条例で2月末日と規定している場合） □国民健康保険税第8期納期限（2月末日）		○軽油引取税1月分申告納付（2月末日） ○不動産取得税2月課税分納期限（2月末日）	○ゴルフ場利用税は条例で定める日までに前月分を申告納付

> ◆主な事務
> ・税制改正に伴う条例・規則改正事務
> ・個人住民税定期課税（確定申告開始）
> ・固定資産税定期課税事務
> ・滞納整理の促進

共通的な項目

1 税制改正事務

（1）議会対応

1月定例会に向けた準備をします。また、条例策定において文書担当の審査を受けます。

（2）広報

庁内の広報担当課に、来年度の税務関係の広報内容を依頼します。

2 申告関係

（1）法人二税（住民税・事業税）

法人二税の12月決算法人の確定申告及び納付、6月決算法人の中間（予定）申告及び納付の提出期日が2月末日となります。

（2）道府県・市町村たばこ税

たばこ税の1月分の申告納付の期日が2月末日となります。

市町村税関係

1　個人住民税

　個人住民税の申告は所得税確定申告書が提出された場合に、その申告書が提出されたものとみなされます（2月16日〜3月15日　地税法45条の3、317条の3）。

　国税データ連携等による入力処理等を行うほか、データ連携外の申告内容について税務署で閲覧作業を行います。

　また、1月分特別徴収税額の納入期日が2月10日までとなります。

2　固定資産税・都市計画税

　固定資産税等において、第4期納期が2月末日になります。

　また、都道府県固定資産評価審議会が開催され、提示平均価額が各市町村に示されます。

3　事業所税

　事業所税について、12月決算法人の申告及び納付期限が2月末日となります。

4　鉱産税・入湯税

　鉱産税・入湯税については、1月分を条例で定める納期限（例：2月末日）までに申告納付することになります。

5　国民健康保険税

　国民健康保険税の第8期等の納期が2月末日となります。

道府県税関係

1 個人事業税

個人事業税の申告についても、所得税の確定申告書が提出された場合、その提出があったものとみなされます（2月16日〜3月15日 地税法72条の55の2）。

2 軽油引取税

軽油引取税については、1月分を申告納入又は申告納付が2月末日となります。

3 ゴルフ場利用税

条例で定めた期限（月末等）までに申告納入します。

4 利子割・配当割等

10日が納入期限になります。

3月の業務

4月 5月 6月 7月 8月 9月 10月 11月 12月 1月 2月 3月

March

3月 スケジュール

月	日	共通項目				
		税制関係	法人二税	諸税	徴収関係	
3	1					
	2					
	3				◆納税証明書の発行（通年）	
	4					
	5					
	6					
	7					
	8					
	9					
	10					
	11					
	12					
	13	予算特別委員会審議				
	14					
	15					
	16					
	17					
	18	年度税制改正法案の国会審議・成立（総務委員会、本会議）				
	19					
	20					
	21					
	22					
	23					
	24					
	25					
	26					
	27					
	28	臨時議会（開催の場合、税制改正条例案審議）				
	29					
	30					
	31	年度税制改正法の可決・成立・公布（3月下旬頃）	●1月決算法人・確定申告／7月決算法人・予定中間申告（3月末日）	○地方たばこ税2月分申告納付（3月末日）		

	市町村税			道府県税		
	住民税	固定資産税	軽自動車税・諸税	事業税住民税	不動産取得税・軽油引取税	自動車税・諸税
1						
2						
3		◆評価証明書等の発行（通年）				
4						
5						
6						
7						
8						
9						
10	・２月特別徴収税額納入（3/10まで）・県民税分の県への払込（毎月10日）			◆利子割・配当割前月分を納入（10日まで）		
11						
12				◇配当割・利子割の市町村への交付（12月～２月分）		
13						
14						
15	・個人住民税申告期限（所得税確定申告・3月15日）		◇事業所税（個人）の前年の課税期間申告期限（3月15日）	・個人事業税申告期限（所得税確定申告・3月15日）		
16						
17						
18						
19	◇個人住民税の税務署閲覧事務繁忙期（３月中旬～４月上旬頃まで）			◇個人事業税の税務署閲覧事務繁忙期（３月中旬～４月上旬頃まで）		
20						
21						
22						
23						
24						
25						
26						
27		固定資産評価員、市長の決済				
28						
29						
30						
31		○固定資産税の価格決定（3月末日）	○事業所税（法人）１月決算法人申告 ◇鉱産税・入湯税２月分納期限（条例で3月末日と規定している場合） □国民健康保険税第９期納期限（3月末日）		○軽油引取税2月分申告納付（3月末日）○不動産取得税3月課税分納期限（3月末日）	○ゴルフ場利用税は条例で定める日までに前月分を申告納付

> ◆主な事務
> ・税制改正に伴う条例・規則改正事務
> ・個人住民税定期課税（確定申告開始）
> ・固定資産税定期課税事務
> ・滞納整理の促進

共通的な項目

1 税制改正関係

　改正法・条例（案）に基づく条例案については、月末の税制改正法の国会での成立・公布・施行をまって、議会が開催されない場合は専決処分を行います。法律案は、憲法に特別の定めのある場合を除いては、衆議院及び参議院の両議院で可決したとき法律となります。法律が成立したときは、後議院の議長から内閣を経由して奏上されます。法律は、法律の成立後、後議院の議長から内閣を経由して奏上された日から30日以内に公布されますが、法律の公布に当たっては、公布のための閣議決定を経た上、官報に掲載されることによって行われます。この「公布」は、成立した法律を一般に周知させる目的で、国民が知ることのできる状態に置くことをいい、法律が現実に発効し、作用するためには、それが公布されることが必要となります。

　このような法律の効力が一般的、現実的に発動し、作用することになることを「施行」といい、公布された法律がいつから施行されるかについては、通常、その法律の附則で定められています（内閣法制局ホームページ参照）。

2　申告関係

（1）法人二税（住民税・事業税）

　1月決算法人の確定申告及び納付、7月決算法人の中間（予定）申告及び納付の期日が3月末日となります。

（2）道府県・市町村たばこ税

　2月分の申告納付の期日が3月末日となります。

3　徴収関係

　年度末に向けた税収確保に取り組むとともに4月人事異動を踏まえた滞納事案の引継の整理をします。

市町村税関係

1　個人住民税

　個人住民税の申告（所得税確定申告）が3月15日までとなり、国税連携データ処理及び連携データ以外の税務署の閲覧を行います。

2　固定資産税

　固定資産の価格決定が3月末日となりますので、評価決定資料を整えます。この固定資産税の課税標準は、原則として固定資産の価格であり、この価格とは「適正な時価」をいうものとされています。「適正な時価」とは、正常な条件の下において当事者間の自由取引において成立すべき価格をいうものとされています。この「適正な時価」を求めるに際し、固定資産の価格は、総務大臣が告示した固定資産評価基準により市町村長が決定したものでなければならないとされています（地税法第388条①、地税法第403条①）。具

体的には、固定資産税では、土地については売買実例価額、家屋については再建築価額、償却資産については、取得価額をもって評価額としており、土地・家屋については、課税事務の簡素化を図るなどの理由により基準年度に評価替えを行い、3年間価格を据え置く制度が設けられていますが、償却資産については、毎年度納税義務者から申告を受けることにより評価額を決定しています。なお、固定資産評価にあたっては、市町村に専任色として「固定資産評価員」が、固定資産評価員を補助するものとして、「固定資産評価補助員」が置かれていますが、徴税吏員（税務職員）が兼任することがほとんどです。

3　事業所税

1月決算法人の申告及び納付及び個人の事業所税の申告納税の期日が3月末日となります。

4　鉱産税・入湯税

2月分を条例で定める納期限（例：3月末日）までに申告納付します。

5　国民健康保険税

7月課税9回納期の場合は第9期の納期が3月末日となります。

道府県税関係

1　個人事業税

申告書の提出（所得税確定申告書提出）（3月15日まで）及び国税データ連携・税務署での閲覧事務が本格化します。

2　軽油引取税

2月分を申告納入又は申告納付を3月末日までに行います。

3　ゴルフ場利用税

条例で定めた期限（月末等）までに申告納入します。

4　利子割・配当割等

10日が納入期限になります。

コラム

租税の不遡及原則とは

　税制改正において、遡及して適用されることはあまりなく、施行期日は改正地方税法の公布後になることが多いです。一般に、行政法規においては行政法規の効力発生前に終結した事実について当該法規を適用しない、とされており（田中二郎『租税法　第3版』1990年、有斐閣）、租税法においても過去の事実や取引から生ずる納税義務の内容を納税者の利益に変更する遡及立法については許されるが、納税者の不利益に変更する遡及立法は、租税法律主義の狙いである予測可能性や法的安定性を害することになるので原則として許さず、また、憲法84条は納税者の信頼を裏切るような遡及立法を禁止する趣旨を含んでいる、といった見解もあります（金子宏『租税法　第24版』2021年、弘文堂）。

　この原則について、地方税で問題になったのは、住民税均等割の専決条例が税法に反するとした争訟事件において、進行中の年度途中において条例改正して当該年度に適用させることはそれが納税義務者に不利な変更であったとしても、憲法84条の規定に適合しないとはいえない、とするものがありました（名古屋高裁昭和55年9月16日判決）。また、法施行日以前の一定期間における長期譲渡所得の損益通算を不適用とする改正が遡及立法にあたるとした争訟事件では、憲法84条は課税

3月の業務　181

関係における法的安定が保たれる趣旨を含むものとした上で、遡及により侵害される利益の性質、遡及による事後的変更の程度及びこれによって保護される公益の性質などの諸事情を総合的に勘案した上で、遡及立法による法的影響が納税者の租税法規上の地位に対する合理的な制約として容認されるべきかを実質的に判断すべきもの、といったものもあります（最高裁平成23年9月22日第一小法廷判決、民集第65巻6号2756頁）。

　このように、行政法又は租税法において不遡及原則は理論上も実際上も例外があり得るので、常に貫かれる原則ではないということが言えます。なお、次元は異なりますが、国際法学等では、現代に適用される法が過去に遡及されることもあるという「時際の理論」もあり、法が過去に遡及して適用されるということは、世間一般の常識とは異なって、絶対的に禁止されるものではありませんが、法的安定性や予測可能性の観点から制度の立案にあたっては、常に留意していかなければならないでしょう。

著者紹介

土屋 信三（つちや しんぞう）

1962年　大阪府生まれ。
1987年　大学院修士課程（主に国際法専攻）修了後、東京都に入都。
　主税局に配属され、江戸川都税事務所整理第一課に勤務。
　その後、主税局資産税部固定資産評価課、総務局行政部地方課、
　主税局税制企画部税制課で勤務。
1998年 全国地方税務協議会（現・地方税共同機構）事業課長。
　その後、主税局税制部で東京都税制調査会事務局事務に従事。
2002年　中野区区民部滞納対策担当課長に就任。その後区民部国民健康保険課長。
2003年　東京都主税局に戻り、北都税事務所事業税課長を拝命。
　その後、墨田都税事務所徴収課長・新宿都税事務所法人事業税課長・
　課税部外形担当課長・徴収部納税推進課長を歴任。
2013年　中野都税事務所総務課長として再び中野区で勤務。
　その後、立川都税事務所副所長に転任。
2017年　世田谷都税事務所長に就任し、
　その後、目黒都税事務所長・大田都税事務所長を歴任。
　この間、地方公共団体税務職員総務大臣表彰を受賞（令和2年度）。

地方税の12か月

── 仕事の流れをつかむ実務のポイント

2023 年 4 月 25 日　　初版発行

著　者	土屋　信三
発行者	佐久間重嘉
発行所	学陽書房

〒102-0072　東京都千代田区飯田橋 1-9-3
営業／電話　03-3261-1111　FAX　03-5211-3300
編集／電話　03-3261-1112　FAX　03-5211-3301
http://www.gakuyo.co.jp/

装幀／佐藤　博　　DTP ／越海編集デザイン
印刷・製本／三省堂印刷
©Shinzou Tsuthiya 2023, Printed in Japan
ISBN 978-4-313-16183-2 C2036
乱丁・落丁本は、送料小社負担にてお取り替えいたします。